Kochkunst-Bibliothek KÖNIG

In den meisten Küchen fehlt eine
frische Brise, die Abwechslung
in das klassische Einerlei der Fischgerichte
bringt – Anregungen, die zu eigenen Versuchen verlocken, ja warum nicht zu eigenen
Rezept-Erfindungen?
Die notwendigen Voraussetzungen dazu
finden Sie hier:
– Solide Grundkenntnisse in der
Fischzubereitung und -vorbereitung
(Können Sie einem Aal »das Fell über
die Ohren ziehen«? Haben Sie schon einmal
von der praktischen »Fisch-Sauna« gehört?)
– und einen Rundblick in die Fischküchen
fremder Länder – Rezepte aus dem Fernen
Osten, Griechenland, Spanien und Italien,
die sich aber ebenso gut mit einheimischen
Fischen und Zutaten verwirklichen lassen.
Alle Rezepte sind, wo nicht anders
vermerkt, für vier Personen berechnet.

Sybille Schall

Aus frischem Fisch

Alles über die Zubereitung von Fischen, Muscheln und Schnecken

Mit 15 Bildern und Vignetten nach Kupferstichen und Holzschnitten aus Europa und Ostasien

König Verlag
Buch und Taschenbuch GmbH
München

Ungekürzte Ausgabe
September 1973

Umschlaggestaltung: Rudolf Huber-Wilkoff, München
Umschlagabbildung: »Fischereihafen«, Kupferstich von Gustave Doré (Ausschnitt)
Titel der Originalausgabe:
Die reichgedeckte Fischtafel

König Verlag, Buch und Taschenbuch GmbH, München
Lizenzausgabe mit freundlicher Genehmigung der Kochbuchverlag Heimeran KG, München
Gesamtherstellung: Friedrich Pustet, Regensburg
ISBN 3-8082-0212-2

INHALT

Aus »Schachtaffeln der Gesundheit ...
verteutscht durch Mich(ael) Hero«, Straßburg 1533

»Wir könn' das nämlich nich mehr essen, was Vata imma vom Angeln mit nach Hause bringt. Und nu läßt Mutta frag'n, ob's nich was Neues zum Ausprobiern jibt –«, so sagte ein kleiner Junge in der Jugendbibliothek im Berliner Wedding.

Es gibt unzählige Kochbücher mit eben so vielen Fischrezepten. Außerdem werden sie uns in Zeitungen und Zeitschriften und gratis auf Packungen, in Werbetexten, im Funk und Fernsehen vielfach vorgestellt. Und doch war die Mutter dieses Steppke in Verlegenheit.

Zuerst konnte ich das kaum glauben. Dabei blätterte ich in meinem fast vollendeten Manuskript für dieses Fisch-Kochbuch, und plötzlich wußte ich, was jetzt unbedingt zu ändern und noch nachzutragen war.

Ein Fisch-Kochbuch für Steppkes Eltern und all die anderen Fisch-Köche mußte neben den erprobten Gepflogenheiten dieser Küche neue und fremde Rezepte bringen. Fremde Rezepte, von denen jedes für verschiedene Fische gleich gut geeignet und mit ihren, auch bei uns zu jeder Jahreszeit erhältlichen Zutaten schnell und delikat zu bereiten ist. Dann durfte hierbei nicht eine Reihe delikater Rezepte für die Bereitung von Muscheln und Schnecken fehlen; zudem sollten die Rezepte die Phantasie des Küchengeistes anregen, auf daß er sich ohne Mühe von den Angaben freimachen und auch seine eigenen Rezepte entwickeln kann.

Trotz vieler Einwände habe ich immer wieder versucht, nicht die Küchenwaage, sondern die Phantasie und das

Interesse als wichtigstes Zubehör einer Küche anzusprechen. Wer zu genau an Gramm und Teelöffel gebunden ist, wird ohne aufgeschlagenes Kochbuch verloren sein. Wer Zutrauen zu eigenen Versuchen hat, kocht interessanter und schneller.

Hoffentlich wird dieses neue Fisch-Kochbuch von dem Berliner Steppke entdeckt. Ich widme es ihm, seiner ratlosen Mutter und dem erfolgreichen Angler.
Doch würde ich mich freuen, wenn es noch viele andere Fisch-Esser und Fisch-Köche läsen. Und wenn sie danach sicher genug sind, ihre »eigene Fisch-Küche« zu betreiben, hat das Buch seine Aufgabe erfüllt.

»Von den Fischspeisen insgemein«

»Nach den Fleischspeisen bedienet man sich vielfältig der Fischspeisen. Es sind zwar die meisten Fische gut zu essen, aber nicht alle gesund, geben auch nicht alle gleich gute Nahrung; haben auch nicht alle zu jeder Zeit einen guten Geschmack. Die Fischspeisen geben zwar nicht so viel Nahrung, als die Fleischspeisen, doch ersättigen dieselben eben so wohl, und beschweren auch den Magen nicht so, als wie die Fleischspeisen, und weil die Fischspeisen im Magen sich leichtlich auflösen, so können sie nicht leicht schaden.

Diejenigen Leute, so hitzige, trockene und gallsüchtige Natur haben, können ohne einigen Schaden die Fische essen; denn weil die Fische kalt und feuchter Natur sind, so geben sie dergleichen Leuten die beste und gesündeste Nahrung. Diejenigen aber, welche einen kalten und schwachen Magen haben, und sonst feuchter und flüssiger Natur sind, sollen sich von den Fischspeisen hüten, oder wenigstens nicht so viel davon essen. Die Fischspeisen sollen wohl gewürzet, und gesalzen werden; indem dadurch ihre allzufeuchte Natur ziemlicher maßen verbessert wird.

Es gibt unterschiedliche Fische. Man theilet sie ein in die Meerfische, oder Fische, so in gesalzenen Wässern wohnen, und in die Fluß-Bach-und Weyherfische, oder solche, die sich in süßen Wässern aufhalten.«

(Aus dem »Speismeister« von Odilo Schregers, 1778)

»Meeresfrüchte«. Kupferstich (um 1665) des Holländers Artus Quellin (1609–1668)

In den vergangenen Zeiten hat sich erwiesen, daß nicht nur »Leute mit hitziger, trockener und gallsüchtiger, sondern auch jene mit feuchter und flüssiger Natur« die meisten Fischspeisen vorzüglich vertragen.
Alle Fische enthalten leicht verdauliches Eiweiß, die Vitamine A und B, Mineralsalze (Eisen, Kalk, Kalzium, Ma-

»Fische«. Kupferstich (Wappen des Marquis de Marigny) von Pierre-Philippe Choffard (1731–1809)

gnesium, Phosphor, Schwefel), Lezithin und Jod. So sättigen sie prächtig, ohne – mit wenigen Ausnahmen – den Magen zu belasten.
Die »unterschiedlichen Fische«, die Süßwasser- und Seefische, teilen wir heute in zwei sehr viel wichtigere große Klassen, in Fettfische und Magerfische.
In der Diätküche und in der »Bleibe-schlank-und-schön-durch-Fisch-« Küche unterscheidet man hier sehr genau.

Fettfische sind: Aal, Forelle, Hering, Karpfen, Lachs, Makrele, Maräne, Schleie, Scholle, Steinbutt und noch andere, aber weniger wichtige Fische.

Magerfische sind: Barsch, Dorsch, Felchen, Hecht, Knurrhahn, Schellfisch, Zander, Weißfische und noch einige andere.

Der Kalorien- und Kohlenhydrat-Gehalt eines Fischgerichtes wird jedoch von der Zubereitung beeinflußt und kann deshalb durch Saucen und andere gehaltvolle Beigaben sogar oft recht »verhängnisvoll« verändert werden!

Die verschiedenen Arten der Fisch-Zubereitung

Viele Köche und Feinschmecker haben versucht, die dem Fisch gemäße und die seiner geheimnisvollen Art am meisten entsprechende Zubereitung zu finden.

»Die Fische, welche ein hartes Fleisch haben, müssen mit einem Stücklein Butter gesotten werden, so werden sie sich weich sieden«, meinte der wohlerfahrene Speismeister Odilo Schregers; C. F. von Rumohr* glaubte, daß Seefische auch nur in Seewasser gut geraten würden, und die berühmten Fischköche von Lyon kündeten, daß der Fisch, einmal seinem nassen Element entronnen, nie wieder dem Wasser begegnen dürfe.

Die »klassischen« Formen der Fisch-Zubereitung sind:

Das Garen in Wasser
Das Garen in einem Sud
Das Dämpfen in Butter und Wein
Das Braten
Das Backen
Fisch à la meunière (Fisch nach Müllerin Art).

Drei jüngere, aber sehr wichtige Formen der Fisch-Zubereitung sind:

Das Garen in der Folie
Das Grillen
Die Fisch-Sauna.

* C. F. von Rumohr, der deutsche Brillat-Savarin, hat schon 1822 einige Gedanken der modernen Ernährungswissenschaft vorweggenommen und in seinem Werk »Königs Geist der Kochkunst« verfochten. Der erste originalgetreue Nachdruck seit 150 Jahren eröffnet unsere Reihe »König Kochkunst-Bibliothek« (Band KB 0).

Der Unfug mit den drei großen S »Säubern, Salzen, Säuern« und dann zugedeckt den Fisch beiseite stellen, alle Geschmacks- und Nährstoffe herauslocken und später dann den Fisch aus diesem Saft herausnehmen und mühsam auftakeln – dieser Unfug ist hoffentlich für alle Zeiten vorbei. Säubern ist primitivste Voraussetzung, Salzen ist immer mit Sparsamkeit zu betreiben – und Säuern liegt einzig und allein im Belieben des jeweiligen Kochs. Wobei erinnert werden muß, daß Zitronensaft die geheimnisvolle Eigenschaft hat, nicht nur den oft immer noch lästigen Fischgeruch zu binden, sondern zugleich dem Fisch etwas mehr Haltung zu verleihen! Und das tut allen weichfleischigen Fischen besonders gut. Somit ist leichtes Parfümieren mit Zitronensaft immer wohlbekömmlich.

Garen im Wasser

ist nach meinem Geschmack ein fast unhöflicher Prozeß. Aber es ist das müheloseste Verfahren, eine Riesenbarbe, einen großen Lachs oder dicken Steinbutt zu garen. So ein großer Fisch wird immer mit kaltem Wasser und Salz aufgesetzt und nach dem Aufkochen auf kleine Hitze zum Garziehen gestellt.
Doch darf man dieser Barbarei – und es ist eine Barbarei, den köstlichen Fisch in einem Wasserbad auszulaugen – auf jeden Fall das

Garen in einem Sud

vorziehen. Es liegt im Belieben des Küchengeistes, den Sud sehr einfach oder kostbar zu bereiten. Wasser und Wein zu gleichen Teilen, zwei Petersilienstengelchen, ein kleines Lorbeerblatt und einige Pfefferkörner gebe ich als

Grundrezept. Sie können ein Stückchen feingeschnittene Mohrrübe, Dillstengelchen, etwas Sellerieknolle, auch eine Zwiebel dazugeben und mit Thymian, Nelke, Rosmarin, Basilikum, Koriander und anderem würzen.
Der Sud sollte so knapp bemessen sein, daß der Fisch nur eben darin ruhen, aber nicht schwimmen kann!
Große Fische werden kalt aufgesetzt, kleine Fische oder Portionen werden in den kochenden Sud gegeben. Und immer wird der Fisch nach dem Kochen auf kleine Hitze zum Garziehen gestellt.

Das Garen in einem Sud wird gern für

Aal	Heilbutt
Felchen	Karpfen
Forelle	Lachs
Goldbutt	Makrelen
Hecht	Schleie

gewählt. Auch für Fische, die blau gekocht werden sollen. In diesem Fall gibt man entweder zuvor einen Schluck kochenden Essig über den Fisch oder etwas Zitronensaft in den Sud. Ich habe allerdings festgestellt, daß die ungeschuppten und noch von ihrem Schleim umgebenen Fische auch ohne die Essigspülung im kochenden Wein-Sud blau werden.
Der fertige Fisch wird meistens auf heißer Platte angerichtet, mit zerlassener, auch geschlagener oder brauner Butter, frischer Petersilie, Zitronenachteln, Meerrettichsahne oder anderen feinen, pikanten Cremes oder Saucen aufgetragen.
Der Kochsud wird vielfach zur Saucenbereitung verwendet.

Die vielleicht reizvollste Methode ist das Garen in der Folie

Ich habe einen Vierpfünder schon auf diese Weise zubereitet.
Sie müssen das entsprechend große Stück Alufolie genau zurechtschneiden (sowohl für ein Fischfilet von 150 Gramm wie für das unzerteilte Ungeheuer), es dann sehr gewissenhaft mit Öl bepinseln, damit der Fisch beim Auswickeln nicht an der Folie kleben bleibt. Sie können den Fisch mit Salz und Pfeffer und mit allem, was Ihnen lieb ist, würzen, belegen und einbalsamieren; Sie können saure Sahne oder Wein, Butterflöckchen oder kleine Speckwürfel, Kräuter und Zitronenschale usw. dazugeben. Zuletzt wickeln Sie das Paket genau nach Vorschrift zu.
Und dann wählen Sie: Kleine Päckchen garen im Wasserbad oder auch auf den ohnedies kochenden Pellkartoffeln; größere Päckchen und Pakete können im vorgeheizten Ofen auf dem Blech und auch im Grill garen.
Die Garungszeit richtet sich nach der Dicke der Fisch-Portion. Ein zartes Filet braucht 10–12 Minuten, ein Fisch für 4–6 Personen 30–45 Minuten.
Wenn Sie die Folie richtig gefaltet haben, können Sie zwischendurch unbeschadet kontrollieren.
Wenn der Fisch nicht nur garen, sondern auch bräunen soll, wird das Paket in den letzten 5 Minuten oben weit geöffnet; dann wird er goldbraun und knusprig.

Ebenbürtig dem Garen in der Folie ist Die Fisch-Sauna

Dafür wird ein möglichst großflächiger Topf fingerbreit mit Wasser gefüllt, ein passender Drahteinsatz eingestellt, der unzerteilte oder entsprechend zugeschnittene Fisch darauf gelegt und der Topf zugedeckt auf kleine Hitze gestellt. Wenn das Wasser zu sieden beginnt, entwickelt sich heißer Dampf. Er gart den Fisch, ohne dessen köstliche Geschmacks- und Nährstoffe anzugreifen. Das Uraroma des Fisches bleibt bewahrt.
Wenn der Fisch gar ist, wird er mit dem Drahteinsatz vorsichtig herausgeholt und auf eine heiße Platte manövriert. Genau wie der Fisch in der Folie, so kann auch der in der Sauna gegarte zuvor mit allem, was Sie für ihn vorgesehen haben, gewürzt werden. Die Fische aus Sauna und Folie werden mit zerlassener oder brauner Butter, mit Senfbutter, mit Meerrettichsahne, mit Meerrettich- oder Senfsauce oder anderen pikanten Saucen, Salat und Kartoffeln verspeist.
Auch ein sehr großer Fisch kann in der Sauna garen, wenn Sie einen großen, sogenannten Fischkocher mit Drahteinsatz und Deckel besitzen. Man gibt soviel Flüssigkeit in den Kochtopf, daß die Unterseite des Fischs gerade davon »erreicht« wird und schiebt ihn zugedeckt in den vorgeheizten Ofen. Dort soll er streng verschlossen bei guter Mittelhitze garen.

Dämpfen in Butter und Wein

ist eine delikate Sache. Der unzerteilte oder in Portionsstücke oder Filets zerlegte Fisch wird – am besten in feuerfester Form – auf Butter gebettet, 1/8–1/4 l Weißwein dar-

über gegossen, mit Salz, Pfeffer oder auch Paprika und anderen Gewürzen bestreut, manchmal auch mit Petersilie; eine dünne Decke geriebenen Weißbrotes steht ihm gut. Dann wird die Form in den vorgeheizten Ofen geschoben und der Fisch bei mittlerer Hitze gegart oder auch leicht gebräunt.
Manchmal fließt sehr viel Saft heraus, der dann mit einem Löffelchen wieder obenübergefüllt werden sollte. Die Zubereitung eignet sich für das einfachste Fischfilet, wird aber bevorzugt für

Äsche	Kabeljau
Barbe	Rotbarsch
Barsch	Schellfisch
Felchen	Scholle
Forelle	

Ohne Saucen, auf heißer Platte, mit passenden Gemüsen garniert, anrichten.

Das Braten

ist in jeder Küche beliebt. Der Fisch, unzerteilt, filetiert oder in Portionsstücke zerlegt, wird gewürzt, unpaniert oder paniert in steigender Butter, in Öl, Schmalz oder auch auf Speckstreifchen (Makrele) auf beiden Seiten goldbraun gebraten.
Panierte Fische bräunen schneller, halten in sich selbst besser zusammen, brauchen aber mehr Fett und längere Zeit zum Garwerden.

Einfaches Panieren:

Der Fisch wird zuerst in Mehl, dann in Milch und zuletzt wieder in Mehl gewendet.

Feineres Panieren:

Der Fisch wird zuerst in Mehl, dann in verschlagenem Ei und zuletzt in geriebenem Weißbrot gewendet. Diese Zubereitung wird gern gewählt für

alle Fischfilets	Hecht
Felchen	Makrele
Flunder	Scholle
Forellen (besonders aus der Tiefkühltruhe)	Seezunge

Die meisten gebratenen Fische sind von alters her mit Kartoffelsalat liiert – der, ist er frisch zubereitet und möglichst noch lauwarm, auch herrlich dazu schmeckt. Auch Remouladensauce und grüner Salat werden dazu serviert.

Das Backen

Gebackener Fisch ist eine kleine Schlemmerei. Stellen Sie zuerst Ihren Fett-Topf zu langsamem Erwärmen auf kleine Hitze. Wenn Sie keinen Spezialtopf haben, können Sie sich mit einem Kochtopf behelfen.
Kleine dünne Fischchen dürfen unzerteilt gebacken werden, größere müssen Sie in mundgerechte Bissen zerschneiden; nicht zu dick, damit jedes Portiönchen nicht nur außen goldbraun und knusprig, sondern innen auch ganz durchgebacken ist.
Sie werden in Milch getaucht und flüchtig in Mehl gewendet; oder sie werden in Ei gewendet, danach in geriebenem

Brot und ein bißchen abgeschüttelt, weil die Panade gut haften muß.
Die dritte Möglichkeit ist üppig und besonders delikat. Rühren Sie einen Ausbackteig nach Wahl. Wenn das Fett dann leise im Topf zu leben beginnt, sollten Sie einen Weißbrotwürfel hineinwerfen. Bräunt und ist er schnell mit dünner Fetthaut umzogen, dann ist es Zeit: Jeder Bissen wird einzeln auf eine langzinkige Gabel gespießt, im Backteig gewendet und im Fettbad versenkt. Geben Sie nur wenige Portionen auf einmal hinein. Sie werden später mit einem Schaumlöffel herausgenommen, zum Entfetten auf Seidenpapier gelegt und auf heißer Platte angerichtet.
Das Fischbacken macht etwas Arbeit, doch das Resultat lohnt die Mühe: Ein köstliches Schlemmermahl, immer mit viel frischem Salat zu verspeisen. Ein Klecks Remouladensauce macht die kalorien- und kohlenhydratreiche Angelegenheit nicht schwereloser, steht ihr aber sehr wohl. Es gibt keinen Fisch, den man nicht so zubereiten könnte.

Ausbackteig

1. Bierteig:
220 g Mehl, 1 große Prise Salz, 1 Eßl. Öl, helles oder dunkles Bier, 1–2 Eiweiß.

Mehl, Salz und Öl werden mit der nötigen Biermenge zu einem dickflüssigen Teig verrührt und für mindestens 3/4 Stunde zugedeckt beiseite gestellt. Ziehen Sie dann das sehr steifgeschlagene Eiweiß vorsichtig darunter.

2. Weinteig:
200 g Mehl, 1 große Prise Salz, 2 Eier, herber Weißwein.

Mehl, Salz und Eigelb werden mit der nötigen Weinmenge zu einem dickflüssigen Teig verrührt, das sehr steif geschlagene Eiweiß vorsichtig daruntergezogen. Sofort mit dem Ausbacken beginnen!

3. Cognacteig:
2 Eier, 2 Eßl. Cognac, 1 große Prise Salz, 6 Eßl. Mehl.

1 Eßl. Cognac wird mit Salz und Eigelb verrührt und das Mehl beigefügt. Der Teig muß besonders dickflüssig sein und kurze Zeit ruhen; dann werden der restliche Cognac und das sehr steifgeschlagene Eiweiß vorsichtig darunter gemischt. Sofort mit dem Ausbacken beginnen!

4. Ausbackteig aus fernöstlicher Küche:
1 Ei und 2 Eßl. Mehl werden ohne jede Würze zu dickflüssigem Teig verrührt. Er kann beliebig lange stehen, muß vor Gebrauch kräftig umgerührt und dann vielleicht mit einem Schlückchen Wasser vereint werden.

Fisch à la meunière – Fisch nach Art der Müllerin

ist eine internationale Delikatesse, vorzugsweise für die vornehme Seezunge gewählt, aber jedem gebratenen Fischfilet nicht weniger bekömmlich. Das Geheimnis ist: Der fertig gebratene Fisch wird aus der Pfanne genommen und auf vorgewärmtem Teller heiß gestellt. Geben Sie für jede Portion 1 Eßl. Butter zum Erhitzen in ein Pfännchen. Der Fisch wird mit Zitronensaft beträufelt, dann mit Salz und Pfeffer bestreut – jetzt aufgepaßt: Die Butter ist gleich braun! Darum im Eiltempo 1 Eßl. gehackte Petersilie über den Fisch und blitzschnell die braune Butter darüber. Im Augenblick des Übergießens rauscht es leise auf und einen Augenblick lang nur bildet sich zarter Schaum auf der Petersilie. Der Fisch muß dabei schon serviert werden, sonst ist der Freund der »Müllerin« um seinen Spaß betrogen.

Das Grillen

gehört in die moderne Fisch-Küche. Unzerteilte, in Portionen zerlegte oder in mundgerechte Bissen zugeschnittene Fische werden mit Öl gepinselt und auf gefettetem Grill oder Backblech im Ofen braun und knusprig geröstet. Vorm Auftragen mit Salz, Pfeffer, Paprika, mit verschiedenen frischen Kräutern, gehackter Petersilie bestreuen, mit pikanter Marinade oder herzhaften Saucen, Salaten, trockenem Brot – und Bier und klarem Geist verspeisen.
Alle Fische von Aal bis Zander sollten im Grill durchprobiert werden!

C. F. von Rumohr

Die Kunst, tactvoll zu kochen oder zur Theorie vom Sieden der Fische

»Es ist aber noch ungleich größeren Schwierigkeiten unterworfen, die Fische, als das Fleisch zu sieden. Ein kunstgerechtes Sieden der Fische wird an den meisten fischreichen Ufern, vorzüglich aber in Holland durch eine stumme Überlieferung in allen Klassen der Gesellschaft fortgepflanzt und erhalten, während es an andern Orten häufig selbst den berühmtesten Köchen mißlingt.«

»Vergeblich habe ich mich bemüht, der Theorie vom Sieden der Fische auf den Grund zu kommen. Die Art und die Größe der Fische, das Wasser, in dem sie gelebt haben, die Zeit, die seit ihrem Ableben verflossen, die Witterung, das Wasser endlich, indem sie gesotten werden sollen, bringt bey jedem neuen Versuche neue Erscheinungen hervor. Die Kunst, die Fische gut, das heißt vollkommen gahr, doch nicht auseinander zu kochen, beruhet daher auf einer Feinheit des Tactes, der dem Koche schon zur anderen Natur werden muß, wie dem Holländer oder jenen neapolitanischen Fischern, die Winters an die toskanische Küste zu kommen pflegen.«

(Aus: »Königs Geist der Kochkunst«, 1822)

Vom Vorbereiten des Fisches

In den Rezepten werden das Schuppen und Ausnehmen, kurzum all das, was zur Vorbereitung gehört, nicht erwähnt oder beschrieben. Einmal sind die Fische aus der Tiefkühltruhe schon für den Verbrauch zugerichtet, und zum andern werden die »frisch gekauften« Fische auf Wunsch von Ihrem Fischhändler vorbereitet.
Für Angler, deren Partnerinnen und andere Do-it-Yourself-Fischköche wird notiert:
Mit wenigen Ausnahmen (sie werden besonders erwähnt) wird der Fisch mit einem kurzen Messer oder Fischschupper am besten unter fließendem Wasser geschuppt, in Richtung Schwanz zum Kopf, in gleicher Richtung aufgeschnitten und sein Innenleben vorsichtig herausgenommen. Leber und Galle dürfen nicht verletzt werden. Bei vielen Fischen hängt am Rückgrat eine Haut, die auch entfernt werden muß. Das darunter geronnene Blut abkratzen, mit kurzem Ruck die Kiemen entfernen, nach persönlichem Belieben Kopf und Schwanz abtrennen (ein kleines Küchenbeil tut gute Dienste), und zuletzt noch gründlich unter fließendem Wasser waschen. Das auslaugende Reinigungsbad in großer Schüssel wird gestrichen.
Barsche, Schleie und einige andere Fische haben tief sitzende, hartnäckige Schuppen. Wenn man sie einige Minuten in kochendes Wasser legt, geht das Schuppen besser.
Karpfen, Lachse, Hechte und Zander brauchen einen geschickten Figaro zum Barbieren: Der Fisch wird in kaltes Wasser gelegt, damit die Schuppen feucht sind und nicht kleben. Dann wird der Fisch mit einem Tuch (sonst rutscht er fort) am Schwanz festgehalten, und die Schup-

pen werden mit sehr scharfem Messer streifenweise vom Schwanz zum Kopf hin von der Haut abgetrennt. Das bedarf großer Geschicklichkeit, denn ein guter Barbier darf die Haut nie verletzen!

Zum Blau-Kochen werden Fische niemals geschuppt und sehr vorsichtig ausgenommen. Dabei müssen sie auf einer nassen Unterlage ruhen. Der sie umgebende zarte Schleim darf nicht verletzt werden, weil er allein das leuchtende Blau sichert.

Der Aal, damit meine ich den Flußaal, bedarf einer besonderen Behandlung. Jung und schlank darf er noch mit seiner nicht allzu zähen Haut gekocht werden. Doch ist er älter und schon kompakter, muß ihm das Fell im wahrsten Sinn des Wortes abgezogen werden. Machen Sie unter den Brustflossen ringsherum einen kräftigen Einschnitt, versuchen Sie – und dabei nehmen Sie recht viel Salz in die Hände – die Haut etwa 2 cm in der Runde zu lösen. Schlagen Sie sie wie einen kleinen Stehkragen um, und fahren Sie mit Ausdauer, Geschicklichkeit und Salz so weiter fort.

Sie können auch einen Bindfaden durch den Kopf ziehen, den Aal daran aufhängen und nun wie einen Hasen abziehen. Lassen Sie ihn zum Ausnehmen gleich hängen: Schneiden Sie das Genick durch, ziehen Sie den Aal mit einem kräftigen Ruck nach unten fort, – dann bleibt der Kopf hängen und an ihm das ganze Innenleben des Aals. Nun können Sie ihn in verschiedene Portionen zerlegen. Die ganze Prozedur ist jedoch nicht gerade einfach!

Fisch aus der Tiefkühltruhe

»In neuester Zeit ist auch die Versendung frischer Fische auf Eis mittelst eigens für diesen Zweck eingerichteter Eisenbahnwagen in Europa in Aufnahme gekommen – zur großen Genugthuung nicht blos aller Fischfreunde, sondern auch aller Menschenfreunde, die dadurch eine gewichtige Ursache des Selbstmordes aus dem Wege geräumt sehen; denn bekanntlich war es die Verzweiflung über das Ausbleiben eines Transportes frischer Seefische, welche den großen Vatel, den ersten Küchenchef Ludwig XIV. im Jahre 1674 in das eigene Küchenmesser trieb. Vatels That zeugt besser und beredter für die culinarische Bedeutung der Fische, als selbst ein sechsbändiger Brillat-Savarin es vermöchte, drum sei's mit dem Hinweis darauf an dieser Stelle genug.«

So geschrieben im 1894 erschienenen Appetit-Lexikon in Wien. Inzwischen wurden die zum Fischtransport auf Eis eingerichteten Eisenbahnwagen von elektrischen Kühlzügen abgelöst, und dann kam das Wunder der Tiefkühlung. Moderne Fischdampfer von heute sind schwimmende Tiefkühlfabriken. Die frisch gefangenen Fische, zugerichtet und sofort filetiert, werden in der bordeigenen Tiefgefrieranlage eingefroren und in den Tiefkühllagern gestapelt. Wenn die Dampfer nach Wochen ihre Heimathafen anlaufen, bringen sie »meerfrische« Fische für die Küchen.

Der Fisch aus der Tiefkühltruhe erlaubt uns, völlig unabhängig von der Jahreszeit, Fisch nur nach unserem Geschmack und Appetit zu wählen. Er liegt fix und fertig

für den Verbrauch vorbereitet in unserer Küche, ohne den ominösen Fischgeruch.
Ein großes Sortiment bietet an:

Rohe Fische

Fast alle Seefische, entsprechend filetiert, auch Forellen, Sardellen – und immer neue kommen noch laufend dazu.
Kleine Filets werden soweit aufgetaut, daß man sie vorsichtig voneinander trennen kann; notfalls werden sie kurz unter fließendes kaltes Wasser gehalten.
Große Filets teilt man mit scharfem Messer, noch besser mit einer Säge, in Scheiben.
Dann wird der Fisch sofort, genau wie ein eben frisch gekaufter, gegrillt, gebacken, gebraten, gedämpft, als Suppe, Ragout, Curry, Auflauf und anders zubereitet. Forellen zum Blau-Kochen können sofort in den Kochsud gegeben werden, zum Braten müssen sie ein wenig angetaut, besser jedoch ganz aufgetaut sein.

Vorbehandelte Fische

Sie sind paniert, einige auch schon vorgebacken, und wandern, ganz hart gefroren, aus der Packung sofort in die Pfanne, in den Grill oder auf das Backblech.
Außerdem gibt es noch verschiedene Spezialitäten (Kroketten, Snaks, Suppen, Feinschmecker- und Schlemmerfilets, und auch hier kommen laufend neue Überraschun-

gen), die zum Teil nur noch erhitzt, zum Teil nachgebraten werden müssen.
Die tiefgefrorenen, schon geschälten und gekochten Crevetten, köstliches Hummer-, Krebs- und Krabbenfleisch, Muscheln, Schnecken und andere Delikatessen sind der Clou der Tiefkühltruhe.

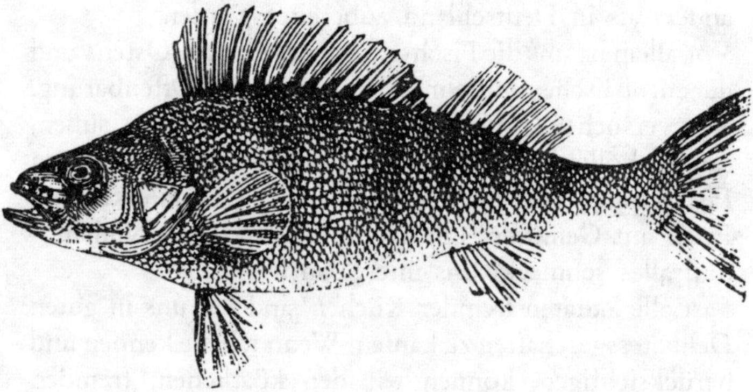

Fisch aus fremden Küchen

In allen Städtchen und Städten wachsen ausländische Restaurants wie Pilze im Walde hervor. Sie werden mit Neugier und großer Begeisterung aufgesucht. Auch die einfachsten Gerichte sind etwas Besonderes für uns, weil sie anders als in Deutschland zubereitet werden.
Vor allem ist uns die Fisch-Küche des Fernen Ostens und der europäischen Mittelmeerländer fast eine Offenbarung. Wir versuchen gutwillig, weil sensationslüstern, süßen, sauren, höllisch scharfen und sogar rohen Fisch, wir essen Fischsuppen und Fischeintöpfe und Fischpfannkuchen, Fisch mit Gemüsen, mit Eiern, mit Reis und Nudeln – und alles schmeckt uns interessant!
Fast alle Zutaten fremder Küchen sind bei uns in guten Delikatessgeschäften zu kaufen. Wenn wir sie kennen und berücksichtigen, können wir den köstlichen, fremden Fisch auch in unsere Küche holen. Er schwimmt nicht mehr, und so liegt es nur bei uns, seinen Weg zu dirigieren.
Ich gebe Ihnen in diesem Kapitel einige Rezepte als Beispiel. Wenn Sie die Gesetze fremder Küchen achten, können Sie die angegebene Zubereitung auch mit anderen Fischen praktizieren.
Gemessen an der Feinheit jener Küchen, bedeutet das eine fast grobe Vereinfachung, aber eine reizvolle Belebung unserer Fisch-Küche. Und darum geht es hier.

Aus dem Fernen Osten

Unverrückbares Zubehör der fernöstlichen Küche, wenn auch in den verschiedenen Ländern unterschiedlich gebraucht, sind Erdnußöl, Sojasauce, Kokosnuß, Kokosmilch, Reiswein, Bambussprossen, Knoblauch, brauner Zucker, Ingwer, Koriander, Pfeffer, Senfpulver, Kurkuma (Gelbwurz) und viele andere Gewürze.

Ein Feinschmeckersalz, in China Ve-Tsin, in Japan Ajinmoto genannt, wird zur Unterstützung des Eigengeschmacks des jeweiligen Gerichts, als vorzügliche Abrundung immer verwendet, auch wenn es nicht in den Rezepten angegeben ist. Das Wort »Curry« bezeichnet kein Gewürz, sondern ein mit vielen Gewürzen bereitetes Gericht. Wir kaufen die in einem Schraubgläschen zusammengemischten Gewürze als »Curry«, – die Inderin mischt sich noch heute 3–30 verschiedene Gewürze für ein Fisch-, Huhn-, Gemüse-, Kartoffel- oder anderes Curry.

Reiswein können wir beim Kochen notfalls durch Sherry ersetzen.

Kokosnuß bereiten wir so: 1 Tasse geraspelte Kokosnuß (fertig im Laden zu erhalten) wird mit einer Tasse kochendem Wasser begossen (besser noch damit aufgekocht), eine halbe Stunde beiseitegestellt und dann die Flüssigkeit abgegossen. Notfalls darf der Prozeß wiederholt werden; der zweite Aufguß ist schwächer. Bambussprossen können durch feine Porreestreifen ersetzt werden.

GEDÄMPFTER DORSCH

4 Portionsstücke, Pfeffer und Salz, 1/2 Messerspitze Ingwer, 2 Eßl. Erdnußöl, 2 Eßl. Sojasauce, 2 Eßl. Sherry, 1 kleines Stück Porree, 1 Eßl. feingehackte Zwiebel, Bouillon.

Der Fisch wird mit Salz, Pfeffer und Ingwer rundum eingerieben, in einem großen flachen Topf nebeneinander geordnet (notfalls müssen Sie zwei Töpfe nehmen) und beiderseits in dem Erdnußöl lichtbraun gebraten. Vorsichtig wenden, der Fisch darf nicht zerfallen. Dann werden Sojasauce und Sherry vermischt, über den Fisch gefüllt, Porree in feine Streifen geschnitten, mit den Zwiebeln auf dem Fisch verteilt und ganz wenig milde Bouillon dazugegeben. Sie darf den Fisch nicht bedecken, sondern muß sehr knapp mit ihm abschließen. Bei mittlerer Hitze 8–10 Minuten garziehen lassen.

GEBRATENER SÜSS-SAURER HECHT

Ein 1000 g schwerer Hecht, Salz und Pfeffer, etwas Stärkemehl, Erdnußöl, 2 Tomaten, 1 mittelgroße frische Gurke, 1 Stück Porree, 2 Eßl. Sojasauce, 1 Eßl. Essig, 1 Eßl. Sherry, 1 Eßl. brauner Zucker, je 1/2 Teel. Koriander und Ingwer.

Der unzerteilte, nicht enthäutete Fisch wird innen und außen kräftig mit Salz und Pfeffer eingerieben, mit dem Mehl dünn gepudert und in einer großen Pfanne in heißem

»Garnelen«. Holzschnitt von Ch'i Po-shih (Peking 1863–1957)

Erdnußöl auf beiden Seiten bei kräftiger Hitze 4–5 Minuten gebraten. Er muß vorsichtig gewendet werden, damit er nicht zerfällt.
Das Öl wird abgegossen, die geviertelten Tomaten, die geschälte und in Scheiben geschnittene Gurke und der in feine Streifen geschnittene Porree werden auf dem Fisch verteilt und mit der aus Soja, Essig, Sherry, braunem Zukker und allen Gewürzen gerührten Sauce überfüllt. Fisch und Gemüse sollen zugedeckt bei mittlerer Hitze gar werden. Gar, aber nicht puddingweich; der Reiz fernöstlicher Küche ist, daß man alles noch kauen muß; auch den Fisch! Versuchen Sie das Rezept auch mit Rotbarsch.

MARINIERTE GEBRATENE FISCHFILETS

4 Portionsscheiben, 6 Eßl. Sojasauce, 4 Eßl. Sherry, 1 Eßl. brauner Zucker, 1 Teel. Ingwer, Öl oder Schweineschmalz.

Legen Sie die Filets in eine möglichst flache Schüssel, geben Sie eine Marinade aus den angegebenen Zutaten darüber. Lassen Sie den Fisch zugedeckt 2 Stunden kühl stehen. Dann werden die Filets abgetrocknet und im Fett beiderseits goldbraun gebraten. In China ißt man Reis und verschiedene Gemüse dazu, wir werden wahrscheinlich beim Kartoffelsalat landen!

GEBRATENER KARPFEN

Ein 1000 g Fisch, 1 Teel. Ingwer, etwas Mehl, 1/8 l Erdnußöl, 1 Stückchen Porree, 3–4 Ingwerpflaumen, 4 Eßl. Sojasauce, 3 Eßl. Sherry, 1 Teel. brauner Zucker.

Der vorbereitete Fisch (mit Kopf und Schwanz) wird innen und außen mit Ingwer eingerieben, mit Mehl gepudert und in siedendem Öl bei großer Hitze schnell auf beiden Seiten braun gebraten, die Hitze klein gestellt und notfalls etwas Fett aus der Pfanne genommen (der Fisch gibt eigenes Fett ab). Nun Porree in sehr feine Streifen und die Ingwerpflaumen in dünne Scheibchen schneiden, mit Sojasauce, Sherry und braunem Zucker zum Fisch geben, vorsichtig im Bratensaft verrühren, mit einer Tasse Wasser auffüllen und den Fisch zugedeckt auf kleiner Hitze garziehen lassen.

FISCHCURRY MIT KOKOSMILCH

800–1000 g Schellfisch, Salz und Pfeffer, 1 kleine Chilischote, je 1 Messerspitze Senfpulver, Kümmel, Koriander, Pfeffer, Kurkuma, 1 Teel. brauner Zucker, 2 Eßl. gehackte Zwiebel, 1 kleines Stück Knoblauch, Erdnußöl (oder Butter), 1–1 1/2 Tassen Kokosmilch.

Der vorbereitete Fisch wird in kurze, breite Streifen geschnitten und mit Salz und Pfeffer bestreut. Alle anderen Zutaten, außer dem Fett, werden im Mörser zu einer Paste gerührt und in so viel Öl durchgeschmurzelt, daß es genügt, um den Fisch nach etwa zwei Minuten hineinzugeben und in Öl »garkochen« zu lassen. Nach 3–4 Minuten des Kochens auf kleiner Hitze wird die Kokosmilch dazugegeben und das »Curry« auf kleine Hitze zum Fertigziehen gestellt.

FISCHCURRY MIT TOMATEN-SUPPE

2 mittelgroße Zwiebeln, 1/8 l Erdnußöl, je 1 Teel. Salz, gemahlener Koriander, Pfeffer, Paprika, Kurkuma, 1/4 l fertige Tomatensuppe (aus Dose oder Tüte usw.), 3/8–1/2 l milde Bouillon, 1000 g Fisch.

Die Zwiebel wird feingehackt, in dem Öl leicht gebräunt, Gewürze und Tomatensuppe nach und nach dazugerührt und die Mischung bei kleiner Hitze langsam durch- und etwas eingekocht. Füllen Sie mit Bouillon auf, geben Sie nach einigen Minuten den mundgerecht zerlegten Fisch dazu.
Die Flüssigkeit muß gerade eben ausreichen, um den Fisch knapp zu bedecken; er darf keinesfalls darin schwimmen. Das fertige Curry muß in Konsistenz und Geschmack konzentriert sein.

MUSCHELN

1500 g Muscheln, je 2–3 Eßl. Sojasauce, trockner Sherry, Weinessig, 1 Teel. Ingwer, 1 Eßl. brauner Zucker.

Die Muscheln werden unter fließendem Wasser gründlich gebürstet, in frischem Wasser bis zum Öffnen gekocht, aus den Schalen gelöst und nach Erkalten mit der aus allen Zutaten gerührten, einmal aufgekochten, erkalteten Sauce vermischt. Sie sollen zugedeckt mindestens zwei Tage im Kühlschrank ruhen, ehe Sie sich daran delektieren dürfen. Leider schmecken sie schon nach zwei Stunden köstlich!
Der japanische Koch arbeitet in seiner Fisch-Küche mit geradezu artistischer Fertigkeit: Nicht nur der köstliche Wohlgeschmack, auch die elegante Figur des Fischs muß unbedingt erhalten bleiben. Deshalb also werden ihm entsprechend lange Bambusstöcklein einverleibt. Und der dem japanischen Gaumen köstlichste Teil des Fischs, der Kopf, wird vor jeder Zubereitung auch entsprechend gestützt, ausgestopft usw.
Doch auch ohne diese Küchen-Akrobatik – und sogar mit »verlorenem Kopf« – schmecken gedämpfte Schollen aus Japans Küche köstlich.

GEDÄMPFTE SCHOLLEN

4–8 Schollenfilets, 1 Eßl. Butter, 2 Zitronen, 2–3 Eßl. Sojasauce, 1 Messerspitze Ajinmoto (s. S. 29), etwas Bouillon oder Sud, vielleicht noch etwas Salz, frische Petersilie.

Die Filets werden in einer gefetteten feuerfesten Schale möglichst nebeneinander geordnet, mit 2 Teel. Zitronensaft, Sojasauce und Feinschmeckersalz gewürzt, mit ganz wenig Wasser, Bouillon oder Fischsud beträufelt (etwaigen Butterrest auch noch verteilen), mit Folie bedeckt und bei guter Hitze in vorgeheiztem Ofen gedämpft. Das Gericht wird in der Form aufgetragen und mit frischer Petersilie und Zitronenachteln serviert. Dazu gibt's trocknen Reis.

Aus Griechenland

Ein wichtiges Merkmal der griechischen Fisch-Küche ist es, nur lebende Fische zu kaufen. Und danach kommen gleich Olivenöl, Tomaten und Zitronen!
Die Zitrone hat hier nicht nur die Aufgabe, das Fischfleisch zu härten, sondern sie gehört als Aroma und Beilage in die gesamte Küche Griechenlands. Ihr Fisch braucht außerdem Thymian, Anis und Kerbel, Pfeffer, Dill, Oliven und Suppengemüse.
Die größte Delikatesse der griechischen Fischküche ist der über Holzkohlenfeuer gegrillte Fisch. Außerdem wird er sehr delikat mit verschiedenen Gemüsen gedünstet oder gebacken.
Das Garen im Sud wird nur praktiziert, wenn der Kochsud später zum Gericht gehört.

FISCH, IN SUD GEGART

Sehr viel feingeschnittene Suppengemüse (Mohrrübe, Sellerie, Zwiebel) und 3–4 Tomaten, Kerbel, Dill und Salz werden mit dem Fisch in sparsamer Wassermenge gegart. Der fertige Fisch, unzerteilt oder zerlegt, wird behutsam

auf eine vorgewärmte Platte transportiert, der Kochsud durch ein Sieb gegeben und in Tassen serviert, die zurückbleibenden Gemüse um den Fisch arrangiert.
Variation: Man bereitet oft die köstliche griechische Zitronensauce auch zu Gemüse oder Suppe.
Zitronensauce: 3 Eier werden mit dem Schneebesen schaumig gepeitscht, unter kräftigem Schlagen mit 3 Eßl. Zitronensaft vermischt, zuletzt wird ein großer Schluck der Bouillon oder des Kochsuds von jenem Gericht dazu gegeben, das die Sauce ergänzen soll. Hier also ist es der Fischsud. Die Sauce muß bei kleiner Hitze ganz kurz ziehen, darf aber keinesfalls zum Kochen kommen.

GEGRILLTE FISCHE

Kleine Fische beliebiger Art, Zitronensaft, Zitronen, Pfeffer und Salz, Thymian.

Die vorbereiteten Fische mit Schwänzchen und Köpfen werden innen und außen mit Zitronensaft beträufelt, mit Pfeffer und Salz ein- und ausgerieben und zugedeckt für eine halbe Stunde kühlgestellt. Dann werden sie über Holzkohlenfeuer gegrillt. (Wir behelfen uns notfalls mit anderen Möglichkeiten.)
Eine Zitrone wird halbiert, eine Hälfte auf eine langzinkige Gabel gespießt, ab und an in Olivenöl getaucht und die Fische zwischendurch damit vorsichtig betupft. Bevor man sie vom Grill nimmt, streut man etwas Thymian darüber. Die restlichen Zitronen werden in Achtel geschnit-

»Chinesische Krabben«. Holzschnitt von Ch'i Po-shih
(Peking 1863–1957)

ten und zu den fertigen Fischen gereicht. Man ißt auch gern sehr dünne Zitronenscheibchen dazu.

GEDÜNSTETER FISCH MIT GEMÜSE

800 g Schellfisch, 3 Eßl. gehackte Zwiebel, 2 Eßl. Öl, 1/2 l Wasser, 2 große Mohrrüben, 2 große Tomaten, 2 große Kartoffeln, 1 Stückchen Sellerie, 1 kleine Knoblauchzehe, Salz und Pfeffer, 1 Zitrone, viel Petersilie.

Die gehackte Zwiebel wird in Öl zart gebräunt, etwa 1/2 l kochendes Wasser beigegeben und 2–3 Minuten auf kleiner Hitze zum Ziehen belassen. Die Gemüse werden in Scheiben geschnitten, die Knoblauchzehe fein verdrückt, dazugegeben, mit Salz und Pfeffer gewürzt und 5 Minuten ganz leise gekocht. Geben Sie den in mundgerechte Stücke zerteilten Fisch hinein, den Saft einer Zitrone und 2–3 Eßl. grobgehackte Petersilie. Lassen Sie das Gericht zugedeckt bei kleiner Hitze ziehen. Nach etwa 10 Minuten ist alles gar. Vielleicht müssen Sie schon früher nachschauen, der Fisch darf nicht zerfallen. Er wird auf heißer Platte im Kranz der Gemüse angerichtet. Der Kochsud soll fast völlig verdampft sein; ein etwaiger Rest wird über Fisch und Gemüse gegeben.

GEBACKENER FISCH

800–1000 g Fisch (Rotbarsch, Kabeljau, Schellfisch), Salz und Pfeffer, 3 Zitronen, 3–4 mittelgroße Tomaten, 3 mittelgroße Zwiebeln, 1/8 l Olivenöl, 10–12 gefüllte Oliven, etwa 1/8 l herber Weißwein.

Der unzerteilte Fisch wird mit Salz und Pfeffer innen und außen eingerieben und mit dem Saft einer Zitrone beträufelt. Schneiden Sie die Tomaten und Zwiebeln in Scheiben, verteilen Sie die Hälfte davon in einer gefetteten feuerfesten Form, legen Sie den Fisch auf die bunte Unterlage. Geben Sie das Öl darüber, bedecken Sie den Fisch mit dem restlichen Gemüse und den in dünne Scheiben geschnittenen Oliven. Auch die Zitronen werden in hauchdünne Scheiben geschnitten, als zarte Decke darüber gelegt, mit Weißwein übergossen und der Schlemmerfisch in vorgeheiztem Ofen bei guter Mittelhitze bestimmt 30–40 Minuten gebacken.
Für Freunde wahrer Mittelmeerfische: Eine ganz kleine feingedrückte Knoblauchzehe könnte hineingeschmuggelt werden.

ZITRONENFISCH IN FOLIE

800 g Fisch, Olivenöl, Zitronensaft, Salz und Pfeffer, Thymian, 3–4 Zitronen.

Der Fisch wird in Portionsstücke zerlegt, passende Folie zugeschnitten, jede gründlich mit Öl gepinselt und die

Fischportionen darauf verteilt. Olivenöl und Zitronensaft zu gleichen Teilen mit Salz, Pfeffer und Thymian verrühren und kräftig abschmecken, sparsam über dem Fisch verteilen. Dann wird er üppig mit dünnen Zitronenscheibchen bedeckt, noch etwas Marinade darübergegeben, jedes Päckchen nach Anweisung gut verschlossen, auf gefettetes Backblech gelegt und der Zitronenfisch in vorgeheiztem Ofen bei Mittelhitze gegart. Nach längstens 30 Minuten können Sie speisen. Trockenes Weißbrot und ein Rosé!

FENCHELFISCH IN FOLIE

4 Portionen Fischfilet werden rundum mit Öl gepinselt, auf passend zugeschnittene, geölte Folie gelegt, mit Salz, gehackter Petersilie, etwas Thymian und Fenchelkörnern bestreut, nach Vorschrift verpackt und in vorgeheiztem Ofen bei Mittelhitze auf dem Blech gegart.
Es gibt Fischköche, die jedes Filet mit einem Fenchelblatt bedecken und auch noch etwas frisches Fenchelgrün beifügen. Es schmeckt fremd und sehr interessant. Man kann die Folie in den letzten fünf Minuten oben aufreißen und zurückbiegen. Dann bräunt der Fisch sehr delikat.

Aus Spanien und Italien

In der Fisch-Küche Spaniens werden die kleinen Fische unzerteilt in Öl oder im Ofen gebraten und die großen zuvor in Filets oder andere Portionen aufgeteilt. Ganz goldbraun und knusprig sind sie besonders beliebt. Wie

in Griechenland, so deckt man sie auch in Spanien gern mit Zitronenscheiben zu, parfümiert manchmal diskret mit Knoblauch, dämpft Fisch mit frischen Paprikaschoten und Tomaten – und ab und an duftet es auch nach Spaniens herrlichem Sherry.
Eine Spezialität sind viele kleine gebratene Fisch-Köstlichkeiten, die man in klitzekleinen Portiönchen, nicht größer als ein »Biß«, so zwischendurch schnabulieren kann. Wer vormittags in die kleinen Restaurants schaut, wird 20–50 verschiedene Portiönchen auf dem Schanktisch entdecken.

KLEINE ROTBARSCHROULADEN

500 g recht dünne Filets, 1–2 Zitronen, Salz und Pfeffer, 1 große Messerspitze Basilikum, 2 Eier, geriebenes Weißbrot, Sardellen, Öl.
Die Filets werden in 3–4 cm breite Streifen geschnitten, mit Zitronensaft beträufelt, mit Salz, Pfeffer und Basilikum eingerieben, die Eier mit einem Schneebesen etwas schaumig gepeitscht, die Fischstreifen schnell hineingetaucht und dann in geriebenem Weißbrot gewendet. Jeder Streifen wird mit einem Sardellenfilet belegt (notfalls in Milch oder Wein gebadet), zusammengerollt, wieder in Ei und Weißbrot gewendet und in Olivenöl ausgebacken. Heiß und auch kalt sehr delikat.

MARINIERTE MINIATUR-FILETS

500 g recht dünne Kabeljau-Filets, Salz und Pfeffer, je 1 große Messerspitze Rosmarin und Thymian, etwas Mehl, Olivenöl, 3 Eßl. gehackte Walnüsse, 1 Knoblauchzehe, 1 Lorbeerblatt, Paprika, etwas Pfefferminze, 1 Prise Zukker, 1/8–1/4 l feiner Rotweinessig.

Die Filets werden in kleine Bissen geschnitten, mit Salz, Pfeffer, Rosmarin und Thymian eingerieben, mit Mehl bestäubt, im heißen Öl goldbraun gebraten, aus dem Fett genommen, in eine Schüssel gelegt und mit den Nüssen bestreut. Nun lassen Sie Knoblauchzehe und Lorbeerblatt solange im Öl brutzeln, bis sich die Knoblauchzehe zart braun färbt. Dann beide herausnehmen, Paprika, Minze und noch ein wenig Gewürz (Rosmarin und Thymian) in das Öl geben, eine Prise Zucker und schluckweise den Essig beifügen. Auf kleiner Hitze ziehen lassen und abschmecken, notfalls einen Schluck Wasser bewilligen, dann über die kleinen Filetchen füllen. Zudecken, erkalten lassen – und sich nach Lust und Laune mit Spießchen oder kleiner Gabel 1–4 Filets herauspicken. Trockenes Brot und ein trockener Sherry dazu – seien Sie nicht mißtrauisch, das schmeckt gut zusammen!

GEBRATENE KRABBEN IN TOMATEN UND WEIN

2 Tassen abgetropfte Krabben (gekochte oder aus der Dose), 2 Eßl. gehackte Petersilie, 2 Eßl. gehackte Zwie-

beln, 3 Eßl. Öl, 1 große Messerspitze schwarzer Pfeffer, wenig Kümmel, 1 großer Eßl. Tomatenmark, 1 Glas milder Rotwein.

Lassen Sie Petersilie und Zwiebeln im Öl kurz durchschmurzeln, ehe Sie die Krabben, Pfeffer und Kümmel dazugeben. Einige Minuten auf kleiner Hitze ziehen lassen, das Tomatenmark dazu rühren, den Wein beifügen, bis eben zum Kochen erhitzen und dann sofort mit trokkenem Brot verspeisen.
Kleiner Tip: Nicht nur bei den Krabben, sondern bei allen ähnlich bereiteten Fischen können Sie echt spanisches Parfum bewilligen: 1–2 Knoblauchzehen werden in Öl bis zum Blondwerden erhitzt, herausgenommen – und dann erst das jeweilige Rezept ausgeführt.

GEBACKENE KABELJAU-FILETS

4 Portions-Filets, 2 Eßl. Butter, Salz und Pfeffer, 4 Eßl. geraspelte Haselnüsse, Zitronensaft, 2–3 Eßl. Sherry, 2–3 Eßl. Milch, geriebenes Weißbrot.

Eine feuerfeste Schüssel mit Butter einfetten; die Filets werden mit Salz und Pfeffer eingerieben, in der Schüssel geordnet, alle anderen Zutaten verrührt und über den Fisch gefüllt. Mit geriebenem Weißbrot bestreuen, die restliche Butter verteilen und bei Mittelhitze in vorgeheiztem Ofen garen.

MUSCHELN MIT REIS

4 Tassen gekochte, aus den Schalen gelöste Muscheln, 4 Eßl. grobgehackte Zwiebel, 2 Knoblauchzehen, 1/8 l Öl, 2 Paprikaschoten, 1 Tomate, 2 Tassen Reis, 4 Tassen Wasser oder Bouillon, Salz und Pfeffer, 1 Teel. Safran, gehackte Petersilie.

Geben Sie Zwiebel und Knoblauchzehen in das Öl zum Braten. Nach Erblonden wird der Knoblauch herausgenommen, die feingeschnittenen Paprika und Tomaten im Öl kräftig durchgebraten, dann alle anderen Zutaten außer Petersilie beigegeben und solange unter vorsichtigem Rühren mit einer Gabel auf mittlerer Hitze belassen, bis der Reis das Fett aufgesogen hat. Dann geben Sie 4 Tassen Wasser oder milde Bouillon dazu, lassen einmal brausend aufkochen und das Gericht auf kleiner Hitze garziehen. (In Spanien wird jedes Reisgericht im Ofen fertig gegart.) Vor dem Anrichten streuen Sie viel Petersilie darüber und tragen das Gericht am besten im Kochgeschirr auf.

KRABBEN MIT REIS

können Sie auf gleiche Art bereiten.
Und wenn Sie dann noch viel gehackte Kräuter dabei verschwenden, präsentieren Sie die Krabben getrost als italienische Spezialität, denn Kräuter und Tomaten sind zwei der eindrucksvollsten Ingredienzien der Küche Italiens.

Kleine Vorgerichte und Salate

Der größte Künstler auf dem Terrain der kleinen leichten Gerichte hieß Napoleon und wurde von Carl Sternheim erschaffen. In der gleichnamigen Erzählung landet der zwölfjährige Napoleon in Brüssel in der Küche des Lion d'or und ist mit knapp 30 Jahren Besitzer des vornehmsten Feinschmeckerrestaurants in Paris.

»Vier Wochen nach Eröffnung ging die beste Welt regelmäßig bei Napoleon ein und aus, als habe sie nie einen anderen Ort des Stelldicheins gekannt. Der Ruhm seiner Küche beruhte auf der leichten Platten Vorzüglichkeit . . . des Hauses Spezialität: Muschelgerichte, Ragouts und Purees im Pfännchen; Überraschungen in winzigen Schälchen und Kasserollen.«

Und was Napoleon für die ihm in Liebe verbundene Tänzerin Valentine erdachte
»vervollkommnete, vermehrte er von Tag zu Tag. Schalentiere ließ er aus den Krusten, Geflügel vom Knochen brechen, nahm vom Tier das Gekröse, von den Gemüsen die Spitzen. Frikassierte und mischte die verblüffendsten Gegensätze, verband das Widerstrebende in Saucen von Sahne, kostbaren Eiersorten, Pilzen und duftenden Essenzen. Das letzte Geheimnis seines Erfolgs aber war die »kurze Hitze«, in der die Speisen gar werden mußten. Der oberste Grundsatz hieß: was zu lange Feuer gerochen, ist für den Ruch verdorben.«

FRIKASSEE NAPOLEON

1 Kalbshirn, 1 Döschen Champignons, die gleiche Menge gekochte Spargel (Köpfchen werden bevorzugt), die gleiche Menge fein zerpflücktes Hummerfleisch (Dose oder Tiefkühltruhe), 2 Eßl. Butter, 1 Eßl. Mehl, Kalbsbouillon, heller Wein, 2 Eier, Sahne, Salz und weißer Pfeffer, Zitronensaft.

Kochen Sie das Kalbshirn in wenig Wasser gar, schneiden Sie das Fleisch in kleine dünne Scheiben, geben Sie es mit den Champignons, Spargeln und Hummerfleisch zusammen. Im hübschen Kochtopf (Kupfer oder buntes Steingut) werden Butter und Mehl zu zartblonder Bindung vereint, mit Kalbsbouillon, Spargelwasser und hellem Wein zur Sauce aufgefüllt und ein wenig durchgekocht. Verrühren Sie das Eigelb mit Sahne, geben Sie es unter weiterem Rühren zur Sauce, schmecken Sie sparsam mit Salz, Pfeffer und etwas Zitronensaft ab. Nun werden Hummer, Fleisch und die feinen Gemüse mit der cremigen Sauce vereint und bis zum Servieren auf kleine Hitze gestellt. Das Frikassee darf nicht mehr kochen und ist eine elegante kleine Vorspeise, die Sie mit trockenem Reis auch in einen modernen Lunch wandeln können.

SCAMPI ODER KRABBEN IN CURRYSAHNE

2 Tassen Scampi oder Krabben, 2 Eßl. Butter, 1/2 Tasse abgetropfte Dosen-Ananas, 2 Eßl. geraspelte Kokosnuß,

1 großer Teel. Tomatenpüree, Curry, 1 Eßl. Cognac, 3–4 Eßl. Sahne.

Geben Sie das Fischfleisch in die zerschmolzene Butter und nach kurzer Zeit Ananas, Kokosnuß und Tomatenpüree dazu. Auf kleiner Hitze einige Zeit ziehen lassen, mit Curry sehr pikant abschmecken; zuletzt soll das Fischfleisch alle Feuchtigkeit aufgesogen haben. Dann wird der Cognac dazugegeben, gut umgerührt, die Hitze groß gestellt, die geschlagene Sahne blitzschnell dazu gerührt und sofort serviert.

KÖSTLICHES SCHNECKENGERICHT
für 2 Personen

1 Eßl. Butter, 1 Eßl. feingehackte Zwiebel, 1 Dose abgetropfte Schnecken, 1 Glas herber Weißwein, 1/8 l Sahne, 1 Eigelb, Salz und Pfeffer, etwas Zitronensaft, 1 Teel. gehackte Petersilie.

Lassen Sie die Butter schmelzen und die Zwiebel darin glasig werden. Dann geben Sie die Schnecken dazu und nach kurzer Zeit den Wein. Zudecken, auf kleiner Hitze ein wenig ziehen lassen, die Sahne beifügen. Die Schnekken sollen in der köstlichen Sauce noch ein wenig ruhen, aber nicht zum Kochen kommen.
Wer will, kann die Komposition mit einem verrührten Eigelb noch mehr verfeinern, ehe letztmals mit Salz, Pfeffer und Zitrone abgeschmeckt und mit frisch gehackter Petersilie vermischt wird.
Sie können die Schnecken in kleinen Pastetchen auftragen oder in Ragoutschälchen überbacken. Als kleine Vorspeise oder für ein Damenfrühstück besonders zu empfehlen.

GEBACKENER THUNFISCH IN FÖRMCHEN

2 Scheiben Weißbrot, 1 Dose Thunfisch, gehackte Petersilie, geriebener Schweizer Käse (kein Parmesankäse erlaubt), etwas feingehackte Zwiebel, 1 Ei, 1 Tasse Milch, 1 Messerspitze Senfpulver, Salz.

Das Brot wird kleingeschnitten, die Hälfte in vier gefettete Ragoutschüsselchen oder Obertassen verteilt, darüber den abgetropften Fisch gegeben, üppig mit Petersilie, sparsam mit Käse und geizig mit Zwiebel bestreut und das restliche Brot obenauf verteilt. Ei, Milch, Senfpulver und Salz verrühren und darüber gießen.
Stellen Sie die Förmchen in den vorgeheizten Ofen, in mittlere Hitze.
Das ist ein delikates »Zwischengericht«, und es kann mit

frischem Salat und einer Tasse Bouillon in einen kleinen Lunch verwandelt werden.

FEINES THUNFISCH-RAGOUT

Eine Dose Thunfisch (etwa 200 g), 1 Eßl. feingehackte Zwiebel, 2 Eßl. gehackte Petersilie, 1 Eßl. Öl, 2 mittelgroße festfleischige Tomaten, 1 kleine Dose abgetropfte Champignons, etwas Knoblauch- und Chilipulver, 1 Prise Salz.

Der Fisch wird abgetropft und vorsichtig zerlegt; Zwiebel und Petersilie werden im Öl auf kleiner Hitze durchgeschmurzelt und die feingeschnittenen Tomaten und Champignons dazu gegeben. Zugedeckt auf kleiner Hitze ziehen lassen, notfalls etwas Öl nachgeben, zuletzt den Thunfisch beifügen und das Ragout mit Knoblauch und Chili abschmecken. Sparsam salzen und mit trockenem Brot verspeisen.

THUNFISCH-SALAT IN TOMATEN

2 sehr große oder 4 kleine festfleischige Tomaten, 1 kleine Dose Thunfisch, je 1 Eßl. gefüllte Oliven, in Scheiben geschnitten, grobgehackte Dosen-Ananas, saurer grobgeraspelter Apfel, geraspelte Kokosnuß, Salz und Pfeffer.

Große Tomaten werden halbiert, kleinen Tomaten werden Deckelchen abgeschnitten. Die Tomaten werden ausgehöhlt, das Fruchtfleisch abgetropft, notfalls zerschnitten, mit dem abgetropften feinzerlegten Thunfisch und allen anderen Beigaben vermischt. Schmecken Sie nur sehr vorsichtig mit Salz und etwas weißem Pfeffer ab, um das zarte Aroma der Kokosnuß zu bewahren. Geben Sie die Füllung in die Tomaten, richten Sie sie auf grünen Salatblättern an.

THUNFISCH IN AVOCADOS

1 kleine Dose Thunfisch, Salz und Pfeffer, 1 Eßl. feingehackte Zwiebel, 2 Eßl. feingeraspelte Sellerieknolle, 1 Eßl. gehackte Petersilie, Zitronensaft, 2 Avocado-Früchte.

Lassen Sie den Thunfisch abtropfen, das Öl wird nicht verwendet. Der Fisch wird feingehackt, mit allen Zutaten vereint und sehr pikant mit Salz, Pfeffer und Zitronensaft abgeschmeckt. Dann erst werden die Avocados halbiert, entkernt, das Fruchtfleisch herausgenommen, recht schnell feingehackt, dabei mit etwas Zitronensaft beträufelt (es verfärbt sich sehr schnell), mit dem Thunfisch vereint und in die vier Avocado-Hälften gefüllt. Das ist eine kleine, aber sehr sättigende Vorspeise.

THUNFISCH-SALAT MIT VARIATIONEN

1 Dose Thunfisch, fertige Mayonnaise oder etwas Joghurt mit Zitronensaft, 1 Teel. Kapern, 1 Teel. gehackte Zwiebel, 2 Eßl. feingeschnittener saurer Apfel.

Der Thunfisch wird abgegossen, zerteilt und mit allen Zutaten zum Salat vermischt. Wenn Sie Mayonnaise nehmen, sollten Sie auch Joghurt oder Zitronensaft beifügen, dann wird der Salat nicht so schwer. Auf grünem Salatblatt oder Toast anrichten und ein Stückchen Zitrone dazulegen. Das ist ein kleiner Salat. Er kann mühelos in eine dekorative »Salatschüssel« gewandelt werden. Dafür müssen Sie ihn mit 1–2 in Streifen geschnittenen Paprikaschoten, 2 in Scheiben geschnittenen Tomaten, 2 in Scheiben geschnittenen hartgekochten Eiern und etwas mehr Mayonnaise und Joghurt vermischen.
Kleiner Tip: Ein zarter Knoblauchhauch steht der Komposition gut.

KLEINE SCHLEMMEREI: ÖLSARDINEN IN GRAPEFRUIT

2 Grapefruit (kleine Früchte), 1 Dose Ölsardinen, ohne Gräten und Haut (etwa 100 g), 2 Eßl. Butter, 1 Eßl. Sangrita, 1 Eßl. feingeraspelte Walnußkerne, 1 hohe Messersp. Senfpulver, etwas eingelegte rote Parikaschote.

Die Früchte werden halbiert und das Fruchtfleisch recht feingeschnitten, die Ölsardinen vorsichtig mit einer Gabel zerdrückt, die Butter zu zarter Creme gerührt und alle Zutaten außer der Paprikaschote zusammengegeben. Schmecken Sie die aparte Komposition liebevoll ab. Vielleicht müssen Sie die 4 Grapefruitschalen ein wenig verkleinern? Verteilen Sie die Füllung gerecht in ihnen, dekorieren Sie mit feinen Paprikastreifchen. – Essen Sie trockene, heiße Toasts dazu – ein noch trockenerer Sherry würde die Schlemmerei stilvoll begleiten!

HUMMERSALAT IN GRAPEFRUIT

2 mittelgroße Grapefruit, ganz wenig Kümmelpulver, etwa 4 Eßl. fertig gekaufte Mayonnaise, 1 große Tasse abgetropftes Hummerfleisch aus der Dose, wenig Salz und weißer Pfeffer, 1–2 Eßl. gehackte Ingwerpflaume.

Die Früchte werden halbiert, ausgehöhlt, das Fruchtfleisch, ohne die bittere weiße Haut, feingeschnitten und sehr sparsam mit Kümmel gewürzt. Wenn es sehr saftreich ist, müssen Sie ein wenig Saft abnehmen. Geben Sie Mayonnaise, Fruchtfleisch und den fein zerteilten Hummer zusammen. Nach Bedarf und Geschmack können Sie etwas Joghurt dazurühren. Wenn die Mischung zu dünn ist, nehmen Sie besser einen Löffel Sahnequark. Sparsam mit Salz und weißem Pfeffer abschmecken. Der Salat wird in die Fruchthälften gefüllt, mit Ingwerpflaume bestreut und bis zum Servieren im Kühlschrank aufbewahrt.

KRABBENSALAT MIT SELLERIE

1 Tasse abgetropfte Dosen-Krabben, 1 Tasse abgetropfter Selleriesalat (aus dem Glas), fertig gekaufte Mayonnaise nach Bedarf, Salz, Pfeffer und Dill, etwas Joghurt oder Sahne.

Geben Sie alles zusammen, schmecken Sie gut ab und essen Sie heiße Toast dazu. Ein Glas Rosé veredelt das Ganze.

FISCHSALAT MIT NÜSSEN

2 Tassen kalter gekochter Fisch, etwa 2 Eßl. feiner Essig (Basil-Essig), etwas Öl, Salz, Basilikum, 2 Tassen feingeraspelte rohe oder feingeschnittene gekochte Sellerieknolle, 1 Tasse fertig gekaufte Mayonnaise, 2 Eßl. gehackte Walnüsse, 2 hartgekochte Eier.

Der Fisch wird behutsam zerteilt, mit Essig, Öl, Salz und Basilikum vorsichtig verschüttelt und zugedeckt eine Stunde kühl gestellt. Geben Sie ihn dann mit der Sellerieknolle, der Mayonnaise und den Nüssen zusammen. Recht vorsichtig, damit der Fisch nicht unansehnlich wird! Vielleicht brauchen Sie etwas mehr Mayonnaise; besser aber ist es, etwas Joghurt zu nehmen.
Schmecken Sie mit Salz, Nüssen und Basilikum ab. Der fertige Salat kann portionsweise auf Salatblättern angerichtet und mit Eivierteln dekoriert werden.
Er ist sehr sättigend; nur in kleinen Rationen als Vorspeise

– und für sparsame Esser mit heißem Toast als Lunch zu reichen.

FISCH-ZWIEBEL-SALAT

800 g Fischfilet, Salz, Paprika, Estragon, 300 g Zwiebeln, 2 Eßl. feingeraspelte rohe Sellerieknolle, Estragonessig.

Die möglichst dünnen Filets werden in breite Streifen geschnitten, mit Salz, Paprika und Estragon gewürzt, zusammengerollt, jedes Röllchen mit einem kleinen Holzspieß befestigt und in flachem Kochtopf, hübscher noch in feuerfester Schale, nebeneinander geordnet. Verteilen Sie die in Scheiben geschnittenen Zwiebeln und Sellerie über den Fisch, geben Sie den mit etwas Wasser und Salz zu herzhafter Marinade vereinten Essig darüber. Die Flüssigkeit muß ganz knapp mit den Zwiebeln abschließen. Der Salat wird in vorgeheiztem Ofen bei Mittelhitze gegart, darf aber nicht zu weich werden. Nach restlosem Erkalten schmeckt er besonders gut mit gebratenen Kartoffeln.

FISCHSALAT MIT MATJESFILETS

500 g gegarter, festfleischiger Dorsch oder Rotbarsch, 2 Matjesfilets, 1 große rote Paprikaschote, 1 großer säuerlicher Apfel, 2 Eßl. gehackte Zwiebeln, 4 Eßl. gefüllte, in

Scheiben geschnittene Oliven, 2 Eßl. Zitronensaft, 1/8–1/4 l dicke saure Sahne, Öl nach Bedarf, 1/2 Lorbeerblatt, im Mörser zerrieben, etwas gemahlener Koriander, Petersilie.

Zerlegen Sie den Fisch in kleine Stücke, den Hering in feine Streifen. Paprikaschote und Apfel werden fein geschnitten und sämtliche Zutaten vorsichtig miteinander vereint. Seien Sie sparsam mit Salz, die Matjesfilets würzen kräftig. Stellen Sie den Salat bis zum Auftragen zugedeckt sehr kühl. Dann wird er nochmal geschüttelt und mit Petersilie bestreut.

KABELJAU-SALAT

3 Tassen gegarter kalter Kabeljau, 2 Paprikaschoten, 1 kleine Zwiebel, 3–4 Sardellenfilets, 6 grüne gefüllte Oliven, 2 Eßl. Zitronensaft, Olivenöl, Salz und Pfeffer, 1–2 hartgekochte Eier, 2 Eßl. gehackte Petersilie.

Der Fisch wird vorsichtig zerpflückt und mit den in feine Streifen geschnittenen Schoten, der gehackten Zwiebel, den Sardellenfilets und den in Scheibchen geschnittenen Oliven zusammengegeben. Fügen Sie Zitronensaft, Salz und Pfeffer dazu. Schütteln Sie den Salat durcheinander. Geben Sie löffelweise so viel Öl hinein, daß der Salat prächtig glänzt, aber nicht darin schwimmt! Vielleicht müssen Sie mit etwas Essig abschmecken, doch sehr vorsichtig! Und mischen Sie nie Mayonnaise darunter; der

Salat schmeckt ohne sie sehr viel feiner! Vor dem Anrichten wird er mit gehacktem Ei und Petersilie bestreut. Besonders köstlich, wenn Sie ein wenig frische Pfefferminze als Gewürz verwenden!

Fisch-Suppen und andere Fisch-Töpfe

THYMIAN-FISCHSUPPE

600–800 g Fisch, 2 Eßl. gehackte Zwiebeln, 2 Eßl. gehackte Petersilie, 2 gehackte mittelgroße Tomaten, 1 kleines Stück Knoblauchzehe, 3 Eßl. Erdnußöl, 1 Lorbeerblatt, Thymian, etwas Basilikum, milde Bouillon nach Bedarf, 1 kleine Dose Krabben, 1 Messerspitze Safran, Pfeffer und Salz.

Schneiden Sie möglichst festfleischigen Fisch (Rotbarsch) in mundgerechte Bissen. Lassen Sie Zwiebel, Petersilie, Tomate und Knoblauchzehe in dem Öl kochen, aber nicht bräunen, ehe Sie den Fisch und die anderen Gewürze dazugeben. Auf kleiner Hitze ein wenig durchziehen lassen, dann mit der nötigen Menge sehr milder Bouillon (oder auch Wasser und Bouillon zu gleichen Teilen) auffüllen und den Fisch langsam garen. Nach etwa 8 Minuten geben Sie die abgetropften Krabben und Safran dazu und lassen die Suppe noch ein wenig ziehen. Zuletzt wird sie mit Pfeffer und Salz abgeschmeckt.

CURRY-FISCHSUPPE

1 mittelgroße Zwiebel, 1 mittelgroßer säuerlicher Apfel, 3 Eßl. Pflanzenbutter, 1–2 Eßl. Mehl, etwa 1 Eßl. Curry, Bouillon nach Bedarf, 250 g Fischfilet oder Krabben, viel gehackte Petersilie.

Zwiebel und Apfel werden geschält, in Scheiben geschnitten und in der halben Fettmenge lichtblond gebraten, mit Mehl bestäubt, kurz durchgeschmurzelt, Curry beigefügt, mit Bouillon aufgefüllt und bei kleiner Hitze einige Zeit zum Ziehen gestellt. Der in feine Streifen geschnittene Fisch oder die Krabben werden in dem restlichen Fett kräftig durchgeröstet, zugedeckt, fertig gegart, in Suppenteller oder große Tassen verteilt, mit viel gehackter Petersilie bestreut und mit der Suppe überfüllt.
Kleiner Tip: Schmecken Sie die Bouillon (es darf keine lange Suppe sein) mit einem Schluck Weißwein ab.

GEMÜSE-FISCHSUPPE

2 Tassen feingehackte, besser noch grob geraspelte Gemüse (Mohrrübe, Sellerie, Porree, Zwiebel), 1 große feingeschnittene Tomate, 1 große feingeschnittene Paprikaschote, 3 Eßl. grob gehackte Petersilie, 3 Eßl. Öl, 1 kleines Lorbeerblatt, 1 Messerspitze Thymian, 1 Messerspitze schwarzer Pfeffer, 1/4 l herber heller Wein, 750–1000 g Fisch, möglichst viel verschiedene Sorten.

Die Gemüse werden bei kleiner Hitze mit Tomate, Paprikaschote und Petersilie einige Zeit in Öl durchgeschmurzelt, Lorbeerblatt, Thymian, Pfeffer, etwa eine Tasse Wasser und der Wein beigefügt, bis zum Kochen gebracht und der feingeschnittene Fisch dazugegeben. Er soll auf kleiner Hitze garen, ohne zu weich zu werden. Vielleicht müssen Sie noch etwas Wein und Wasser nachfüllen. Die

fertige Suppe wird gut abgeschmeckt, in eine Terrine gefüllt und flüchtig mit Pfeffer bestäubt.
Kleiner Tip: Die Suppe wird attraktiver, wenn sie mit etwas Safran gefärbt ist.

THUNFISCH-SUPPE

1 Eßl. Pflanzenbutter, 1 kleine Dose abgetropfter Thunfisch, 3 Eßl. heiße geriebene Kartoffeln, 1 hartgekochtes, grobgehacktes Ei, 1 Eßl. feingehackte Petersilie, 1 Messerspitze Senfpulver, etwa 3 Tassen milde Bouillon, etwas Koriander und Zitronensaft, 1 Scheibe Weißbrot.

Der fein zerteilte Fisch, Kartoffeln, Ei und Petersilie werden mit der Butter auf kleiner Hitze zu einem Brei verrührt, kurz durchgeschmurzelt, das Senfpulver beigegeben und nach und nach mit Bouillon zur Suppe aufgefüllt. Schmecken Sie mit Koriander und Zitronensaft ab, füllen Sie die Suppe über Weißbrot (1 Scheibe wird auf 4 Tassen verteilt) in große Tassen oder Suppenschälchen.

KARTOFFELSUPPE MIT KRABBEN

2 Eßl. feingewürfelter magerer Speck, 1 Paprikaschote, 1 Tomate, 2–3 Tassen fertige Kartoffelsuppe (Tüte, Päckchen usw.), 1 kleine Dose abgetropfte Krabben, Salz und Pfeffer.

Der Speck wird auf kleiner Hitze langsam ausgelassen, die in feine, kleine Streifchen geschnittene Paprikaschote und die feingeschnittene Tomate (ohne Saft) darin durchgeschmurzelt, Tomatensaft, Suppe und Krabben dazugeben und alles bis gerade zum Kochen gebracht. Schnell mit Salz und Pfeffer abschmecken und in Tassen servieren.

LA BOUILLABAISSE
DIE BERÜHMTESTE FISCHSUPPE

Ihre Heimat ist die Provence, und dort schmeckt sie besonders köstlich.
3 mittelgroße Zwiebeln, 3 mittelgroße Tomaten, 1 Knoblauchzehe, je 1 Messerspitze Thymian, Fenchel, Schwarzer Pfeffer, Salz, 1000 g möglichst viel verschiedene Fische, (z. B. Schellfisch, Kabeljau, Goldbarsch, Heilbutt usw.), Fischbouillon oder Wasser, 1 fingerlanges Stück dünn abgeschälte Orangenschale, 4–5 Eßl. Olivenöl, 1 Teel. Safran, gehackte Petersilie.

(Wenn Sie Gräten, Köpfe und kleine Fischrestchen haben, werden sie mit einer kleinen Zwiebel und einem Lorbeerblatt gründlich ausgekocht, der Sud durch ein Sieb gegeben und später für die Suppe verwendet.)
Zwiebeln und Tomaten werden in Scheiben geschnitten, die Knoblauchzehe feingehackt, die Drei in einem nicht zu hohen Topf verteilt und mit Thymian, Fenchel, Pfeffer und Salz gewürzt. Sortieren Sie Ihre Fische aus, und geben Sie zuerst jene hinein, die eine längere Garzeit benötigen; auch die Orangenschale und das Öl.

Gießen Sie jetzt so viel kochende Fischbouillon oder Wasser dazu, daß der Fisch gerade knapp damit bedeckt ist. Stellen Sie den Topf auf große Hitze, streuen Sie Salz und Safran hinein. Nach 2–3 Minuten werden die restlichen Fischstücke eingelegt, der Topf für etwa 4 Minuten auf kleine Hitze zum Garziehen gestellt und die fertige Suppe vor dem Anrichten üppig mit Petersilie bestreut.
Die Suppe kann am besten gleich im Topf aufgetragen werden. Oder der Fisch wird mit einem Schaumlöffel auf die vorgewärmten Suppenteller gehoben, mit Petersilie bestreut, dicken Weißbrotscheiben umlegt und mit der durchgesiebten Bouillon übergossen. In Frankreich wird die Bouillabaisse meistens unter Zugabe von Austern, Muscheln, Krebsen oder Hummer bereitet. Wir haben zur »Angleichung« Hummer oder Krebse in Dosen – die abgetropft und in letzter Minute zum Erhitzen in die Suppe gegeben werden – oder aus der Tiefkühltruhe.

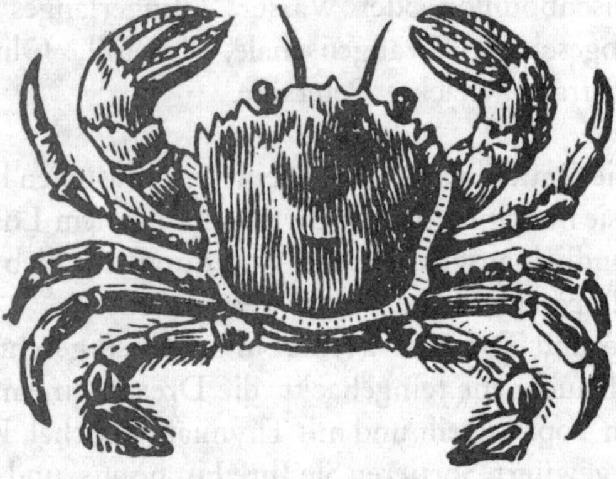

EIN ECHTES FISCH-GULYAS

Ein richtiges Gulyas ist ein suppiges, mit Paprika und Zwiebeln bereitetes Essen aus Fisch oder beliebigen Fleischsorten oder Geflügel usw., in dem kleine Kartoffelwürfel mitgekocht werden. Gulyas ist also nicht das, was bei uns als Gulasch gilt.

1000 g Fisch (Hecht und Karpfen besonders geeignet), 300 g Zwiebeln, Salz, 3 Eßl. Paprika, möglichst Rosenpaprika, 1 Tasse kleine rohe Kartoffelwürfel.

Kaufen Sie einen Fisch mit Kopf und Gräten, und setzen Sie nach dem Putzen die Abfälle mit den unzerteilten Zwiebeln knapp mit Wasser bedeckt auf kleine Hitze zum Kochen. Beim Aufkochen streuen Sie Salz und Paprika hinein und lassen den Fischsud so lange leise ziehen, bis die Zwiebeln völlig zerkocht sind. Das dauert mindestens eine Stunde. Das Fischfleisch wird in mundgerechte Bissen zerlegt, in einen flachen Topf mit großem Boden gegeben, mit der durchgegossenen Fischbouillon überfüllt, die Kartoffelwürfel beigefügt, alles nochmals mit Rosenpaprika bestreut und bei kleiner Hitze gegart.

EIN GANZ BESONDERES FISCH-GULYAS

800 g Fischfilet, Bierteig (S. 19), Öl, 1 mittelgroße Zwiebel, 1 Eßl. Mehl, Sahne, Eier, Pfeffer, Wein oder Zitronensaft.

Recht festfleischiger Fisch wird in mundgerechte Stücke geschnitten, jedes auf langzinkige Gabel gespießt, im Bierteig gewendet und im glühenden Öl ausgebacken. Geben Sie den fertig gebratenen Fisch in ein hübsches Kochgeschirr.
Die feingeschnittene Zwiebel wird im Saucentöpfchen mit Öl zartgold gebräunt, mit Mehl überstäubt, mit einem Schluck Wasser und Sahne zu feiner Sauce aufgefüllt, mit 2 (in Wein oder Zitronensaft verrührten) Eiern vorsichtig veredelt – dabei müssen Sie kräftig mit dem Schneebesen peitschen –, sehr herzhaft mit Pfeffer und Wein oder Zitronensaft abgeschmeckt und über den gebratenen Fisch gefüllt. Sie dürfen nicht umrühren und sollten das Gulyas sofort auftragen.

FEINES FISCH-RAGOUT

Je 1 Tasse feingeschnittene Paprikaschote und Porree, 1/2 Tasse grobgehackte Zwiebel, 2–3 Eßl. Öl oder Pflanzenbutter, 2 Tomaten oder 1 Eßl. Tomatenmark, etwa 750 g recht festfleischiger Fisch (Rotbarsch), Salz und Pfeffer, etwas Koriander, 1 Tasse herber Weißwein, nach Geschmack etwas Sahne.

Paprikaschote, Porree und Zwiebel werden in dem Fett gedünstet, die zerschnittenen Tomaten oder das Tomatenmark dazugegeben, kurz durchgeschmurzelt, der in Streifen geschnittene Fisch beigefügt, mit Salz, Pfeffer und Koriander gewürzt und zugedeckt einige Minuten auf kleiner Hitze belassen. Sie müssen aufpassen, es darf nichts ansetzen. Geben Sie dann den Wein dazu und lassen Sie den Fisch 4–7 Minuten zugedeckt garen. Nun können Sie ihn entweder vorsichtig herausheben, in vorgewärmter Schüssel heiß halten und den Gemüse- und Weinrückstand mit einer Tasse Sahne einmal aufkochen lassen – oder das Ragout gleich im Kochtopf vorsichtig mit Sahne vereinen und auch im Topf auftragen. So oder so noch mit Salz und Pfeffer abschmecken und mit trockenem Brot oder Kartoffeln verspeisen. Grüner Salat stört nie!

PIKANTER FISCH-TOPF

Ein 1000 g schweres Stück Dorsch oder Rotbarsch, Salz, 1 mittelgroße gehackte Zwiebel, 1 Tasse grobgehacktes Suppengemüse, 2 mittelgroße feingeschnittene Salzgurken, je 2 Eßl. gehacktes Selleriegrün und Petersilie, 1 Tasse frische, gehackte Pilze, je 2 Eßl. Butter, Mehl, Kapern.

Der Fisch wird mit kaltem Wasser und etwas Salz aufgesetzt, schnell zum Kochen gebracht, alle Zutaten, außer Butter, Mehl und Kapern, beigefügt, der Topf zugedeckt und auf kleine Hitze gestellt.
Wenn der Fisch gar, aber bitte nicht zerfallen ist, wird er vorsichtig auf eine Platte gebracht. Schlagen Sie Butter und Mehl zu lichtblonder Bindung, füllen Sie mit Kochflüssigkeit zur Sauce auf. Sie wird in den Topf zurückgegeben, die Gemüsemischung recht pikant mit Kapern, Salz, vielleicht auch etwas Zitronensaft abgeschmeckt, der Fisch hineingelegt und im Topf serviert.

Mancherlei Fisch auf besondere Art gebraten, gebacken, gedämpft

Die klassischen Formen der Fisch-Zubereitung finden Sie auf S. 12ff. In diesem Kapitel habe ich nur Spezialrezepte für Sie notiert.
Dabei erübrigt sich auch, nun jeden Fisch anzuführen, der da durch Meere und Seen, Flüsse und Teiche schwimmt, der von Ihnen frisch oder – frisch aus der Tiefkühltruhe gekauft wird. Ich beschränke mich auf die besonderen und beginne mit dem Aal.
»Die Alten haben den Aal sehr hoch gehalten; indem er von einigen eine Königinn der Wohllüste, eine Helena der Gastereyen, ein Abgott der Ägytier genennet worden. Der Aal hat ein weiches und schleimichtes Fleisch; giebt also nicht allein eine klebrichte und schleimichte Nahrung, sondern machet auch Verstopfungen; und deßwegen diejenigen, so mit dem Fieber, Stein, Podagra behaftet sind, dasselbe meiden sollen.
Gesotten tauget dieser Fisch zum Essen nicht viel; will man ihn aber sieden, so muß er mit Salz und Gewürz wohl versehen werden.
Gebraten ist dieser Fisch besser, und wenn er mit Salbey wohl durchspicket, oder mit Reblaube umleget wird,so ist er eben auch so ungesund nicht.«

Gesotten, das bedeutet, ihn in feinem Fisch-Sud zu garen.

(S. 13) Der Sud wird oft zu einer hellen Sauce mit Mehl und Butter verkocht, in feiner Küche noch Sahne und Eigelb daran gegeben, mit viel Dill in

Aal grün gewandelt. Dazu gibt's Kartoffeln und Gurkensalat.

»Gebraten ist dieser Fisch besser«, doch sicher noch bekömmlicher, wenn er im eigenen Fett und vorgeheiztem Grill röstet.

GERÖSTETER AAL

Etwa 800 g Aal, in sehr kleine Portionsstücke geteilt, Öl, Salz und Pfeffer, Zitronenachtel.

Entsprechend der Dicke des Fisches und der zugeschnittenen Stücke müssen Sie den Aal notfalls zuvor in Dampf ein wenig »angaren«, ehe er auf geöltem Grill rundum braun geröstet wird. Üppig mit Salz und grobem schwarzen Pfeffer bestreuen und mit Zitronenachteln gleich auf dem Backblech anrichten.
Pikante Beigabe: Geriebener Meerrettich mit ungesüßter geschlagener Sahne und geraspelten Walnüssen vermischt. Oder Klare Sauce, für die feingehackte Zwiebeln, Kräuter und hartgekochtes Ei mit Senf, Öl und einer Prise Zucker zusammengegeben werden.
Das Ganze ist eine deftige Schlemmerei, deren Bekömmlichkeit mit eisgekühltem Aquavit oder Bommerlunder gesichert werden muß.

»Fischfang« (La pèche). Kupferstich von François Boucher (Paris 1703–1770)

EIN BIEDERER AAL IN BIER

1 Flasche Weißbier, Salz, einige Pfeffer- und Gewürzkörner, 1 kleines Lorbeerblatt, 1 Stückchen Zitronenschale, 4 Portionsstücke Aal, 1 Eßl. Butter, mit Mehl zur Kugel verarbeiter, 1 Eigelb, Salz, Pfeffer, etwas Zitronensaft, 1 Prise Zucker.

Lassen Sie das Bier mit den Gewürzen auf kleiner Flamme kurze Zeit leise kochen; geben Sie den Fisch hinein. Er soll langsam garziehen und wird dann mit einem Schaumlöffel herausgehoben und heißgestellt. Gießen Sie die Kochflüssigkeit durch ein Sieb, binden Sie sie unter leichtem Peitschen mit dem Schneebesen mit der Mehl-Butter zur Sauce. Sie wird mit dem verrührten Eigelb, Zitronensaft, Salz und Pfeffer verfeinert und delikat abgeschmeckt (die Prise Zucker ist das Tüpfelchen auf dem i), über den Fisch gefüllt und das Gericht mit Salat und Kartoffeln aufgetragen.
Das Weißbier ist bieder – das fertige Essen bei vielen Fischkennern aber sehr geschätzt.

Und hier der
FEINE AAL IN ROTWEIN

4 Portionsstücke Aal, 1 kleine Mohrrübe, 1 Stückchen Sellerieknolle, 1 fingerlanges Stück Porree, 1/4 l fertige Bratensauce, 1/4 l Rotwein, 2 bittere Mandeln (1 geraspelte, 1 unzerteilte), Salz und Pfeffer, je 1 Prise Nelke und Kardamom.

Die Suppengemüse werden feingeschnitten, in einen flachen Topf mit großem Boden gegeben, der Fisch nebeneinander darauf verteilt und ganz wenig Wasser hineingefüllt. Nur so viel, um Gemüse und Fisch bei kleiner Hitze ungefährdet garen zu können. Der fertige Fisch wird herausgenommen und heißgestellt.
Geben Sie den Kochrückstand in ein Sieb und den abtropfenden Saft mit der Bratensauce in den Topf zurück, außerdem alle Gewürze, Rotwein und Mandeln. Die Sauce soll bei kleiner Hitze leise ziehen, die Fischportionen hineingelegt und in der Sauce glühendheiß werden, ohne zu zerfallen!
Kleiner Tip: Schmecken Sie mit einer Prise Zucker ab. Binden Sie die Sauce nach Bedarf mit etwas zerbröckeltem Honigkuchen.

»Die Karpfen sind zwar nicht so gesund, als die Hechte und Persiche, doch können sie eben auch einem gesunden Magen nicht schaden. Kranken Leuten dienen die Karpfen nicht . . . weil dadurch der Magen leicht erkältet wird, und man allso gar leicht ein Fieber daran essen kann.
Zur Arzney dienet der Karpfenstein, welcher, wenn er geschabet und davon eingenommen wird, den Stein im Menschen zermalmet, und abtreibt.
Die Karpfengalle, wenn man die böse Augen damit schmieret, heilet sie. Man vertreibt auch damit die Schwaben.«

Sie sehen, es lohnt sich, den Karpfen zu essen!

KARPFEN POLNISCH

4 Portionen Karpfen, 1 Tasse feingeschnittene Suppengemüse, 1/2 l Braunbier oder dunkles Bier, Zucker, Essig, Zitrone und wenn möglich etwas Sirup nach Geschmack, 3 Eßl. Butter, Salz, Fischpfefferkuchen oder Honigkuchen.

Lassen Sie die Suppengemüse mit etwas Wasser und dem Bier auf kleiner Flamme ein wenig garen. Dann geben Sie die Butter, Salz, alle Gewürze und soviel geriebenen Pfefferkuchen dazu, daß die Sauce nach leisem Kochen gut gebunden ist. Der Fisch wird zu langsamem Garziehen hineingegeben und die Sauce vorm Auftragen nochmals fein abgeschmeckt. Ich würde sie niemals durchsieben!

GEGRILLTER KARPFEN

Ein etwa 1000 g schwerer Fisch, Salz und Pfeffer, etwas Ingwer, magerer starkgeräucherter Speck, etwas Butter.

Der vorbereitete Fisch wird innen und außen mit Salz, Pfeffer und Ingwer eingerieben, mit breiten, dünnen Speckbändern belegt und in vorgeheiztem Grill oder Ofen gar und braun gebraten.
Zwischendurch müssen Sie ihn öfter mit flüssiger Butter bepinseln. Es tropft viel Saft ab, darum ist eine Auffangschale unter dem Grill nötig.
Der Fisch kann auch in Portionsscheiben gegrillt werden;

das geht besser auf dem Backblech, weil die meisten Grillapparate der besonderen Struktur des Fischfleisches nicht gerecht werden.
Als Beigabe zu gegrilltem Fisch jeder Art schmecken alle Salate, trockenes Brot – und besonders gut: Eine aus Senf und Dosensahne gerührte Mayonnaise, in der Sie Bananen- und Apfelscheiben versenkten.

GEBACKENER PAPRIKAKARPFEN

800–1000 g Karpfen, Mehl, Milch und saure Sahne, Salz und Paprika, 1 Paprikaschote.

Der Fisch wird in etwa 2 cm breite Streifen geschnitten, Mehl darübergestäubt, kräftig durchgeschüttelt, jeder Streifen muß rundum vom Mehl überzogen sein. Ordnen Sie die Fischstreifen in einer feuerfesten gefetteten Schale. Verquirlen Sie Milch und saure Sahne zu gleichen Teilen mit etwas Salz und sehr viel Paprika. Decken Sie den Karpfen mit der grobgehackten Paprikaschote zu, füllen Sie Milch darüber. Der Fisch darf nur ganz knapp damit abschließen und nicht darin schwimmen! Er wird in vorgeheiztem Ofen bei guter Hitze schnell gegart und später mit Kartoffelsalat verspeist.

»Die Barbe ist ein bekannter Flußfisch. Er hat den Namen her von ihrem Bart, und wird unter die Raubfische gezählet; weil sie alles, was sie zwingen kann, verschlinget, auch sogar ihres eigenen Geschlechtes nicht verschonet. (Gehört aber zur Familie der Karpfen.) *An der Barbe ist das*

beste das Maul, weches gar fleischicht ist; und wird von einigen für eine Delicatesse gehalten; ist auch in der That nicht zu verachten, wenn zumal der Fisch wohl groß ist.
Die Barbe läßt sich zurichten, wie der Hecht. Mit Weinessig blau abgesotten, ist sie am besten.
Den Barberogen ißt man nicht; denn er machet den Durchlauf, Grimmen und Speyen, wie der Rogen des Hechtes; darum wirft man ihn gewöhnlich weg.«
Die Warnung vor dem giftigen Rogen ist sehr berechtigt! Kaufen Sie Portionsstücke für

GEBACKENE BARBE, SEHR PIKANT

Die Fischportionen werden abgetrocknet, hauchdünn mit Senf- oder Sardellenpaste bestrichen, rundum mit Mehl bestäubt, in viel Öl braun und knusprig gebacken und mit gehackter Petersilie und Zitronenachteln angerichtet.

»Die Forelle ist ein edler Fisch. Die Flußforellen fängt man mit Angeln und Reusern. Wann es regnet, oder die Sonne heiß scheint, so beißen sie gerne an. Die Seeforellen, welche zu Zeiten vier- bis fünfpfündig werden, ingleichen die Weyherforellen laichen erst im November; die Fluß- und Bachforellen aber im September schon.
Dieser Fisch hat ein mürbes, zartes und wohlschmeckendes Fleisch, so gar leicht zu verdäuen. Es gibt eine gute und gesunde Nahrung; tauget also für gesunde und kranke Leute. Kömmt aber nicht viel davon auf gemeine Tafeln.«

In der Hohen Schule von Salerno wurde die Forelle im Jahre 1101 in den »Gesundheitsregeln« neben dem Hecht zu den zehn gesündesten Fischen gezählt. Und ein Klosterkochbuch empfahl 1350, die »Foerheln« zu backen.

FORELLEN IN SAHNE

Pro Person 1 Forelle, etwas Mehl, Butter oder Pflanzenbutter zum Braten, Salz und etwas weißer Pfeffer, saure Sahne.

Die Forelle wird hauchdünn mit Mehl gepudert, in Butter auf beiden Seiten goldbraun gebraten, mit Salz und Pfeffer bestreut, zugedeckt und auf kleiner Flamme gegart. Dabei müssen Sie aufpassen und zu starkes Bräunen verhindern, notfalls also etwas Butter nachgeben. Die fertige Forelle wird aus dem Bratenfond genommen und heißgestellt. Der Fond wird mit saurer Sahne verrührt und bis eben zum Kochen erhitzt, mit Pfeffer und Salz abgeschmeckt und sofort aufgetragen.
Kleiner Tip: Sie können die heiße Forelle bei Tisch auf ein Rechaud stellen, mit zuvor erwärmtem edlen Cognac beträufeln und anzünden. Das sieht hübsch aus und erregt die Bewunderung der Tischrunde. Wenn sie mehr als drei Esser umfaßt, müssen Sie allerdings mit affenartiger Geschwindigkeit tätig sein!

GEBRATENE SCHOLLEN, SEHR FEIN

4 kleine Portionsschollen oder 4–8 Filets, Salz und Pfeffer, etwas Mehl, 3–5 Eßl. Pflanzenbutter, 2 mittelgroße Zwiebeln, geriebener Meerrettich, etwas Apfelbrei, 1 Tasse Sahne.

Die Fische oder Filets werden mit Salz und Pfeffer gewürzt, rundum mit Mehl gepudert und in etwa 3 Eßl. Butter goldbraun und gar gebraten. Inzwischen braten Sie die in Scheiben geschnittenen Zwiebeln mit der restlichen Butter in einer zweiten Pfanne goldbraun, sie werden auf dem Fisch geordnet, glühendheiß serviert und mit feiner *Meerrettichsauce* verspeist: Verrühren Sie Meerrettich mit Apfelbrei und geben Sie ihn vorsichtig mit der leicht angeschlagenen Sahne zusammen. Das Gericht schmeckt auch ohne Kartoffeln, aber sie sind erlaubt, und am feinsten schmecken kleine Pellkartoffeln dazu.

»Im See zu Heilbronn wurde im Jahre 1497 ein Hecht gefangen, der war 350 Pfund schwer und 267 Jahre alt. Diesen hatte Kaiser Friedrich der II. im Jahre 1230 in dieses Wasser eingesetzet, wie man aus der Schrift des angehängten kupfernen Ringes ersehen. Solchen Hecht hat man hernach dem damaligen Churfürsten zu Heydelberg

überschicket. Die Hechtenleber wird für ein Leckerbißlein gehalten.
Zur Arzney dienen die zu Pulver gestoßenen Hechtenzähne wider das Seitenstechen; weil sie das gestockte Geblüt auflösen, und das Acidum oder Säure des Magens benehmen. Die Hechtenzähne helfen in Stein, Sand und Gekröse. Hechtenherz gegessen soll für das Fieber helfen.«
So berichtet uns Odilo Schregers in seinem, inzwischen schon öfter zitierten »Speismeister« von 1778 wahre Wunderdinge.
Wunder des Hechtes – und des Hechtkopfes und daher wahrscheinlich auch von Karl dem Großen schon so oft im Verein mit Barbenköpfen verspeist.

Holzschnitt von Gustave Doré (Paris 1833–1883)

Als delikatestes Hechtgericht gilt

GESPICKTER HECHT

Dafür werden ihm am besten mit einem langen spitzen Küchenmesser auf beiden Seiten kleine, feine Streifchen mageren Räucherspecks einverleibt, mit Salz und Pfeffer gewürzt – und der Hecht dann mit Butter im Ofen bei guter Hitze braun und gar gebraten. Sie brauchen viel Butter, denn zwischendurch muß der Fisch fleißig damit begossen werden.

Man kann den Fisch auch zusätzlich mit geriebenem Brot bestreuen und mit Zitrone beträufeln. Ein Zweipfünder braucht 30–40 Minuten.
Der Bratenrückstand wird in mancher Küche mit etwas Sahne aufgefüllt – in mancher auch mit Wein und Eigelb verwandelt. Sie können gespickten Hecht auch als Portionsscheiben bereiten.
Kleiner Tip: Gegner des Spickens – und es gibt viele – belegen den Fisch oder die Scheiben mit hauchdünnen Speckscheibchen.
Grimod de la Reynière, der berühmte Feinschmecker und Autor des »Almanach des gourmands« (Paris 1804/12), meinte:

»Der Steinbutt, der wegen seiner Schönheit der Fasan des Meeres heißt und wegen seines majestätischen Umfangs den Titel eines Königs der Fasten verdient, würde aufhören, den Stolz und Ruhm einer reichen Tafel zu bilden, wenn man ihn vor dem Servieren zerstückte: Ein hübscher

Kranz aus grüner Petersilie und eine besonders gereichte Buttersauce genügen zur Begleitung.«

Wer aber hat heute noch einen »Wäschetopf«, um diesen köstlichsten der sogenannten Flachfische darin garplätschern zu lassen? So weiß ich, daß anspruchsvolle Schlemmer eine kunstgerechte Zerstückelung gestatten – doch der Streit um seine »Knochenhocker«, um seine Steine, dauert an. Das edelste Rezept diktierte Grimod; – und köstlich schmeckt gebratener Steinbutt mit Zitronensaft und brauner Butter angerichtet. Außerdem auch sehr fein:

STEINBUTT IN WEIN UND SAHNE

800–1000 g Steinbutt, etwas Butter oder Pflanzenbutter, je 1 kleine Tasse feingeschnittene frische Champignons, Sellerie, Porree, grobgeraspelte, geschälte säuerliche Äpfel, 2 Eßl. gehackte Petersilie, Salz, 2 bittere geraspelte Mandeln, Pfeffer, etwas Grapefruitsaft, etwa 1 Glas herber Weißwein, etwa 1/8 l Sahne.

Fetten Sie eine große feuerfeste Schüssel, verteilen Sie Pilze, Sellerie, Porree, Äpfel und Sellerie darin. Die Gemüse werden mit Salz und den bitteren Mandeln bestreut, der Fisch (in einem Stück oder nebeneinander in dicken Scheiben) daraufgelegt, mit Salz und Pfeffer bestreut, mit Grapefruitsaft und Weißwein beträufelt und in vorgeheiztem Ofen bei mittlerer Hitze gegart. Sie müssen öfter nachschauen und den Fisch ab und an mit dem herausfließenden Saft begießen. Der fertige Fisch wird vorsichtig auf eine heiße Platte gelegt, der Saft mit den Gemüsen notfalls noch etwas eingekocht, dann mit Sahne gebunden, vor dem Auftragen mit Pfeffer abgeschmeckt und um den Fisch geordnet. Essen Sie trockenes Brot oder trockenen körnigen Reis dazu.

HEILBUTT MIT MAIS

4 Portionsscheiben, Salz, Pfeffer, 100 g magerer, stark geräucherter Speck, 2 Tassen abgetropfte Maiskörner aus der Dose, 1 Eßl. Butter, Ingwer, 1 kleine Tasse Sahne, 1 Teel. Senf, etwas Ingwersirup.

Die Fischscheiben werden mit Salz und Pfeffer gewürzt, der Speck in kleine Würfel geschnitten, bei kleiner Hitze langsam ausgelassen, aber nicht stark gebräunt, und der Fisch darin gebraten. Sie müssen ihn vorsichtig wenden und aufpassen, daß er gar wird, ohne zu zerfallen oder zu dunkel zu werden.
Erhitzen Sie die Maiskörner in der Butter, schmecken Sie sie sparsam mit Salz und sehr fein mit Ingwer ab. Der Fisch wird auf vorgewärmter Platte angerichtet, mit dem Speckfett überfüllt, der Mais daneben gehäuft und die mit Senf und Ingwersirup verrührte kalte Sahne als kleine Sauce extra gereicht. Dazu gibt's trockenes Brot. Das Brot in die Sahne zu »dippen«, schmeckt besonders gut.

»Der Lachs oder Salm ist ein PISCIS ANADROMUS, oder zurückgehender Fisch, und der edelste und köstlichste unter den Fischen. Im Herbst und Winter nennet man

ihn Lachs, im Frühling aber, und im Sommer Salm. Sein Fleisch ist röthlicht, feist und wohlschmeckend, dem Magen bequem und nahrhaft, aber etwas hart zu verdäuen; daher es für schwache und kranke Leute nicht dienet. Man soll niemals viel davon essen; denn wenn man dessen zuviel davon genießet, so erwecket man mit seiner Fettigkeit einen Eckel, darauf zuweilen ein Fieber folget.«

Unbeschadet seiner Fettigkeit war der Lachs die begehrteste Fastenspeise in den Klöstern des Mittelalters – und ist bis heute das Entzücken aller Schlemmer.

LACHS MIT MAYONNAISE

Lassen Sie den Leckerbissen in feinem Sud garen und darin erkalten. Dann wird ihm das Fell vorsichtig abgezogen und der Schöne rundum dick mit Mayonnaise balsamiert, auf große Platte manövriert und mit Tomaten- und Eischeiben geschmückt. Oder Sie tragen ihn sofort heiß als *Lachs mit holländischer Sauce* auf.

LACHS MIT NÜSSEN

4 Portionsscheiben Lachs, Salz, etwas Mehl, 4 Eßl. Butter, 1 Glas Rotwein, 4–6 Eßl. Walnüsse.

Die Lachsscheiben werden sparsam gesalzen, hauchdünn mit Mehl gepudert und in schäumender Butter auf beiden

Seiten goldbraun und gar gebraten. Nehmen Sie sie aus dem Bratfond, stellen Sie sie auf vorgewärmter Platte heiß. Der Fond wird mit dem Rotwein verkocht, die Walnüsse, grobgehackt, über den Lachs gestreut und darüber die etwas eingekochte Sauce gefüllt. Es duftet köstlich und schmeckt unvorstellbar gut.

GEGRILLTER LACHS

4 Lachsscheiben, etwas Öl, Salz und Pfeffer.

Der Fisch wird mit Öl bepinselt, im vorgeheizten Grill auf beiden Seiten goldbraun gebraten, mit Salz und Pfeffer bestreut und mit einer pikanten Sauce verspeist. Sie können eine fertige Mayonnaise mit wenig geschlagener Sahne veredeln, auch mit Sahne oder Joghurt und Kräutern in Remouladensauce wandeln (feingeschnittene Cornichons sind erlaubt), und die Remouladensauce mit hartem gehackten Eigelb zu einer Tartarensauce mischen. Wenn Sie eine scharfe Sauce bevorzugen: Tomatenmark, Öl, weißen oder roten Wein, feingeriebene Zwiebeln, Zitronensaft, Salz und Honig zusammenrühren – oder Sangrita mit saurer Sahne zu gleichen Teilen vermischen.

Die Familie der Barsche: Apicius im alten Rom kochte den Seebarsch mit Pfeffer, Kümmel, Zwiebel, Petersilie und Raute und richtete ihn dann in einer Sauce aus Öl, Honig und Fischsud an. Sie dämpfen hingegen den sehr viel zarteren Flußbarsch mit seinem feinen weißen Fleisch

in Wein und Butter. So zubereitet finden Sie ihn auch als Egli, Bars oder Bersig auf den Speisekarten.
Die kleinen Tiere werden unzerlegt mit Mehl gestäubt, rundum in steigender Butter oder Öl goldbraun gebacken und mit den Gräten verspeist!

GRÜNER PFEFFER-FISCH

1 Rotbarsch (Kabeljau oder Schellfisch), etwa 1000 g Salz, 2 Eßl. grüne Pfefferkörner (Dose), 2 Eßl. Öl, Paprikaschoten, 2 Tomaten, 1 Zwiebel, etwas milde Bouillon, 2–3 Eßl. Weißwein.

Reiben Sie den Fisch innen und außen mit Salz ein, verteilen Sie innen 1 Eßl. unzerdrückte grüne Pfefferkörner. Geben Sie das Öl in eine feuerfeste Schale, lassen Sie es rundum verlaufen. Dann wird der Fisch hineingelegt, mit der in Streifen geschnittenen Paprikaschote, den in Scheiben geschnittenen Tomaten und feingehackter Zwiebel zugedeckt, 1 Eßl. grüner Pfeffer dazwischen verteilt, sparsam mit Bouillon und dem Wein überfüllt und im vorgeheizten Ofen bei mittlerer Hitze gebacken. Der fertige Fisch schmeckt köstlich. Der grüne Pfeffer gibt ihm das volle edle Pfefferaroma, ohne die sonst bei 2 Eßl. Pfeffer unvorstellbare Schärfe!
Kleiner Tip: Grüner Pfeffer wird in kleinen Dosen gekauft und kann nach dem Öffnen in ein Gläschen umgeschüttet, mit etwas Salzwasser bedeckt, tagelang im Kühlschrank aufbewahrt werden.

ROTBARSCHFILET MIT CURRY

1/8 l Öl, vielleicht etwas mehr, 4 große Eßl. feingehackte Zwiebel, 2 Eßl. Curry, 2–3 Eßl. Tomatenmark, 800–1000 g Fischfilet, Salz.

Lassen Sie das Öl in einem flachen Kochtopf mit möglichst großem Boden heiß werden und die Zwiebeln darin bräunen, aber nicht zu dunkel. Geben Sie Curry und nach kurzem Durchrühren das Tomatenmark dazu. Die Mischung soll kräftig durchschmurzeln, wird mit etwa 3/8 l Wasser zur Sauce aufgefüllt und einige Minuten auf kleiner Hitze in sanftem Kochen gehalten. Versenken Sie nun die mit Curry gepuderten Filets in der Sauce, wenn möglich nebeneinander geordnet. Sie sollen garziehen und dann erst mit Salz abgeschmeckt werden. Curry- und Fischaroma vereinen sich zu sehr pikanter Würze, die nur wenig Salz als Abrundung braucht. Essen Sie trockenes Brot und grünen Salat dazu.

PIKANTER GEBRATENER FISCH

4 Portionsstücke oder Filets, Salz, etwas Senf oder Sardellenpaste, etwas Mehl, Öl, 1 Zitrone, gehackte Petersilie.

Der Fisch wird sparsam gesalzen und hauchdünn mit Senf – oder auch ungesalzen mit Sardellenpaste – bestrichen, in Mehl gewendet und in Öl beiderseits braun und knusprig gebraten. Jede Portion mit einem Zitronenviertelchen anrichten und mit gehackter Petersilie bestreuen.

GEGRILLTER FISCH MIT SCHARFER SAUCE

600–800 g Fisch, Salz und Koriander, etwas Fett, 1 große Tasse Fertigmayonnaise, 1/2 Tasse Sangrita, nach Bedarf etwas Joghurt oder dicke saure Sahne.

Am besten verwenden Sie Fischfilet. Es wird in mundgerechte Bissen zugeschnitten, mit Salz und Koriander gewürzt (am besten verschüttelt man es miteinander), auf gefettetem Backblech geordnet und in vorgeheiztem Ofen bei sehr starker Hitze braun gegart. Die anderen Zutaten werden zur Sauce vereint. Wenn sie Ihnen zu scharf ist, wird sie mit etwas Joghurt oder Sahne besänftigt – und in kleinem Steingutschälchen mitsamt dem Fisch auf dem Backblech aufgetragen. Eiskalter Aquavit steht schon bereit.

FISCH, IN ROTWEIN GEGART

1 Eßl. Öl, je 2 Eßl. feingeschnittene Mohrrübe, Sellerie, Porree, Petersilie, etwas Salz, 1000 g Fisch, leichter Rotwein, milde Bouillon.

Fetten Sie eine feuerfeste Schale oder flache Schüssel, geben Sie die Gemüse und Petersilie hinein, würzen Sie mit etwas Salz und legen Sie den unzerteilten oder in dicke Scheiben geschnittenen Fisch auf das bunte Unterbett. Füllen Sie Rotwein und Bouillon zu gleichen Teilen, aber nur sehr sparsam darüber, und lassen Sie den Fisch in vorgeheiztem Ofen bei Mittelhitze garen. Wenn er zwischendurch etwas Flüssigkeit braucht, träufeln Sie Wein und Bouillon obenauf. Essen Sie Pellkartoffeln oder trokkenes Brot dazu.

FEINER GEBACKENER FISCH

Magere dünne Speckscheiben, 800–1000 g Fisch in einem Stück (Rotbarsch, Schellfisch, Dorsch), je 1 große Messerspitze Salz, Pfeffer, Basilikum, Thymian, 150 g dünne Zwiebelscheiben, 3 mittelgroße Tomaten, in Scheiben geschnitten, 1 Fenchelknolle, in feine Streifchen geschnitten, 2–3 Eßl. Zitronensaft, 2–3 Eßl. Olivenöl.

Legen Sie eine feuerfeste, nicht zu hohe Form mit dünnen Speckscheiben aus, und ordnen Sie darauf den mit Salz und den Gewürzen eingeriebenen Fisch. Decken Sie ihn mit den Gemüsen zu. Dann werden Zitronensaft und Öl darüber geträufelt und das Gericht in vorgeheiztem Ofen bei Mittelhitze gar gebrutzelt. Zuerst mit Deckel oder Alufolie schützen, zuletzt unbedeckt bräunen lassen und während des Garens ab und an mit dem Bratsud begießen. Essen Sie Kartoffeln und gehackte Petersilie oder recht trockenen Reis und Petersilie dazu.

FISCHBÄLLCHEN

Ich bin nicht sehr für farciertes Fischfleisch, Fischklopse und Fischklößchen. Dieses Rezept notiere ich jedoch als gute Resteverwertung. Ich habe es nach dem Zuschneiden von Fischfilets aus den kleinen Abfällen bereitet, man kann es also mit rohen oder gekochten Fischresten ausprobieren.

Das Fischfleisch wird mit der gleichen Menge gekochter Kartoffeln durch ein Maschinchen gegeben, mit Salz und Pfeffer, mit etwas Koriander und einem Ei zu einem schmiegsamen Teig verarbeitet. Vielleicht muß man etwas geriebenes Weißbrot dazugeben. Dann werden kleine Klöße daraus geformt und in kochendem Öl lichtbraun und gar gebraten. Essen Sie trockenes Brot und Tomatensalat dazu. Ein Glas Bier und ein klarer Schnaps stören nicht.

Gefüllter Fisch

Gefüllte Fische gehörten schon zu den Tafelfreuden im alten Rom, die Klosterküchen des Mittelalters wußten mit den raffiniertesten Füllungen die Fastenspeise Fisch in ein Schlemmermahl zu wandeln, – unsere Fisch-Küche praktiziert das wenig.
Versuchen Sie es doch. Es ist leichter, als Sie glauben. Ihr Fischhändler bereitet jeden Fisch gern dafür vor. Sie brauchen diesen dann nur noch je nach Phantasie mit Salz, Pfeffer, Koriander oder Kurkuma, Senfpulver, Ingwer, Kümmel, Anis, Fenchel, Nelke oder was Ihnen gerade in Gedanken verführerisch scheint, innen und außen zu würzen und mit einer wohlabgeschmeckten Farce zu füllen. Dann wird der Fisch fein säuberlich mit Garn umwikkelt, zugebunden und gegart: auf gefettetem Blech, in geölter Folie, auf dem Grill, in der Pfanne mit Fett, auch in Dampf!
Es gehört ein bißchen Unternehmungsgeist dazu – und davon wünsche ich Ihnen recht viel.

VERSCHIEDENE FISCHFÜLLUNGEN

I. 2 Eßl. Butter, 2 Eßl. feingeraspelte Sellerie und Zwiebeln, 1 große Tasse geriebenes Weißbrot, Salz, Pfeffer, Thymian, geraspelte Zitronenschale.

Sellerie und Zwiebeln in Butter schmoren, aber nicht bräunen, mit allen Zutaten vermischen und abschmecken.

II. 2 Tassen eingeweichtes Weißbrot, 1/2 Tasse feingeriebenes Weißbrot, 1 Ei, etwas Milch oder Sahne, 4 Eßl. gehackte Petersilie, Salz und Pfeffer, etwas Zitronensaft.

Das Weißbrot ausdrücken und mit allen anderen Zutaten vermischen.
Sie können das Weißbrot in Milch, Wasser, Bouillon oder Wein einweichen, – der Geschmack der Füllung wird dadurch interessant gewandelt.

III. 1 Gläschen Cognac, 2 Eier, Salz und Paprika, geriebenes Weißbrot nach Bedarf, etwas feingeriebene bittere Mandel.

Alle Zutaten mit der nötigen Menge Weißbrot vermischen und sehr gut abschmecken.

IV. 100 g sehr feingeschnittener magerer Speck, 1 in Wasser und Wein zu gleichen Teilen eingeweichtes Brötchen, 2 Eßl. feingehackte Zwiebel, 2 Eßl. gehackte Petersilie, Salz und Pfeffer, etwas Zitronensaft, geriebenes Weißbrot nach Bedarf, ganz wenig Butter.

Geben Sie den Speck (noch besser ist, ihn durch ein Maschinchen zu treiben) mit dem gut ausgedrückten Brötchen und allen Zutaten zu delikater Füllung zusammen. Sie wird mit ganz wenig Butter kurz angebraten und nach Auskühlen in den Fisch gefüllt. Ich würde sämtliche Zutaten gemeinsam durch ein Maschinchen geben.
Es gibt nicht nur Füllungen *für* den Fisch, es gibt auch köstliche Füllungen aus Fisch. Einmal werden sie dann wieder in einen Fisch der gleichen Gattung, in Ausnahme-

fällen auch in einen »fremden« Fisch gegeben; zum andern gibt man sie zwischen zwei Weißbrotscheiben, die dann in Fett ausgebacken werden – aber auch in Fleischröllchen, Pasteten usw.

EINE FEINE FISCHFÜLLUNG

Manchmal fallen beim Zuschneiden von Hecht- oder Zanderportionen (beide Fische sind für die Füllung besonders geeignet) kleine Reste ab – oder der Feinschmecker-Koch kauft ein Stück Fisch.

250 g feingeschnittenes Fischfleisch, 4 Eßl. Butter, 1 kleines Brötchen, 2 Eigelb, 1 Eßl. sehr feingehackte Zwiebel, 1 Eßl. sehr feingeraspelte Zitronenschale, Salz, Pfeffer und Muskat, evtl. geriebenes Weißbrot.

Fisch, 3 Eßl. Butter, das in Milch eingeweichte und gut ausgedrückte Brötchen, Eigelb, Zitronenschale und die in 1 Eßl. Butter zartblond geschmurzelte Zwiebel werden mit Salz, Pfeffer und Muskat zu einem feinen Teig gerührt, durch ein Sieb gegeben, nach Bedarf mit geriebenem Weißbrot stärker gebunden und dann beliebig verwendet.
Kleiner Tip: Streichen Sie die Füllung auf ein feines Fischfilet, decken Sie ein zweites darüber, sichern Sie die Verbindung durch Faden oder Hölzchen und schmurzeln Sie das Ganze in etwas Butter an. Ein wenig Wein und Sahne darüber füllen und im Ofen braun und gar werden lassen.

FISCHFÜLLUNG FÜR TOAST

1 Tasse gekochtes, ganz feingehacktes Fischfleisch, 1/2 Tasse abgetropfte feingehackte Dosen-Sellerie, 1 Eßl. gehackte Zwiebel, Zitronensaft, Salz, Pfeffer und etwas Salbei, dicke saure Sahne nach Bedarf, 2 grobgehackte hartgekochte Eier.

Alle Zutaten werden zur Füllung vermischt, sehr pikant abgeschmeckt, auf einseitig geröstetem Toast verteilt (auf gerösteter Seite) und in etwas Butter oder Öl in der Pfanne kurz gebraten.
Sie können auch frischen Brötchen ein Deckelchen abschneiden, aushöhlen, etwas Worcestershiresauce hineintröpfeln, die Füllung hineingeben und die Brötchen im Ofen backen. Pinseln Sie zwischendurch ein wenig Butter obenauf. Oder geben Sie die Füllung in ausgehöhlte Tomaten, reichen Sie ein Löffelchen Remoulade oder Mayonnaise dazu.

Ein Herings-Kapitel

»Die Häringe ernähren sich pur von dem Wasser, daher sie auch so weichlich sind, und alsobald abstehen, wenn sie nur in die Luft kommen; darum thut man ihnen, sobald sie aus dem Wasser kommen den an sich habenden Kropf hinwegnehmen, und alsdann einsalzen. Die Kunst Häringe einzusalzen hat erfunden Wilhelm Böckel ein Fischer von Enkhuysen einer Stadt in Holland; und deswegen nennet man sie Bockelhäringe. Carolus V der Kaiser, welcher ein sonderlicher Liebhaber des Härings gewesen, soll ihm für diese Erfindung gedanket, und mit seiner Schwester Maria, Königinn in Ungarn, einen gesalzenen Häring auf dessen Grab gegessen haben.
Sein Fleisch ist weich und zart, so leicht zu verdäuen, und ist wohlgeschmack zu essen. Zärtliche Leute aber können solche zuvor etwas wässern, und den aufgeschnittenen Rucken mit gestossenen Wacholderbeeren füllen und also braten.«

Für »zärtliche Leute« ein dicker brauner

BRATHERING

Dafür werden vorbereitete grüne Heringe mit Köpfchen nach dem Waschen sehr gründlich im Sieb abgetropft, mit Salz eingerieben, auch mit zerstoßener Wacholderbeere parfümiert, in Mehl gewendet, in Fett rundum braun gebraten – und mit grünem Salat und Pellkartoffeln verspeist. Das ist heute ein fast unmodernes Essen. Und immer waren schon viel beliebter

EINGELEGTE HERINGE

Selbst fabriziert sind sie immer ein besonderer Schmaus für alle Heringsesser.

Wenn Sie für jede Person zwei Filets rechnen – und Sie haben die Wahl zwischen dem sanften in Essig eingelegten Bismarkhering oder dem temperamentvolleren in Salzlake eingelegten Matjesfilet, das zuvor ein wenig in Wasser oder Milch baden muß – und für 4 Personen aus 3/8 l saurer Sahne, zwei in feine Scheiben geschnittenen Zwiebeln, einigen Pfeffer- und Gewürzkörnern eine Sauce rühren, auch noch zwei Wacholderbeeren und nach Geschmack sogar ein Lorbeerblättchen darin ruhen lassen, – ach, versuchen Sie jetzt erst einmal! Eine Prise Zucker fehlt noch? Sie sollten auch geschälten, feingeschnittenen oder grobgeraspelten sauren Apfel und etwas feingeschnittene Gewürzgurke bewilligen! Dies alles mit den Heringen vereint, zugedeckt etwa 2–20 Stunden beiseite gestellt und dann mit frischen Pellkartoffeln verspeist, – schweigend schlemmt die Tischrunde! Frische Butter ist ein erlaubter Luxus dabei, und zischendes Bier mit einem klaren Schnaps gilt als notwendiges Zubehör!

EINGELEGTER BRATHERING

Die gebratenen Heringe, mit Zwiebelscheiben, Senf- und Pfefferkörnern, einem Lorbeerblatt in eine Deckelschüssel gegeben, werden mit einer kräftigen aufgekochten und erkalteten Marinade begossen, zugedeckt und möglichst zwei Tage beiseite gestellt.

Sehr delikat schmecken

GERÖSTETE HERINGE

Dafür werden grüne, geputzte Heringe mit Köpfchen mit Salz und beliebigen Gewürzen eingerieben, rundum mit Öl gepinselt und in gefetteter Folie auf dem Backblech in vorgeheiztem Ofen bei guter Hitze geröstet. Sie müssen umgewendet werden und das nur mit äußerster Vorsicht, damit ihre silberne Haut nicht kleben bleibt.

HERINGSFARCE

für die ein geputzter, gewässerter Salzhering mit Zwiebel, Speck, entrindetem Weißbrot und Kräutern durch ein Maschinchen gegeben, mit Sahne, Öl und Essig abgeschmeckt, zuletzt mit einer zerdrückten Banane veredelt und zu heißem Toast verzehrt wird.

EINE HERINGSPASTETE FÜR SCHLEMMER

Salzheringe müssen 24 Stunden gewässert werden, ehe man sie putzt, halbiert, entgrätet und die Hälfte davon in eine gut gefettete feuerfeste Form legt. Sie werden mit einer dicken Schicht hartgekochten, gehackten Eiern und sehr viel gewiegter Petersilie bedeckt, die restlichen Heringshälften darüber gegeben, das Ganze mit einer Tasse dicker saurer Sahne begossen und in vorgeheiztem Ofen bei Mittelhitze goldbraun gebacken. Nach einer halben Stunde kann man sich daran delektieren. Eine große Schüssel grüner oder gemischter Salat, trockenes Brot oder Pellkartoffeln, Bier und ein klarer Schnaps gehören dazu.

Nur für echte Schlemmer

Papst Julius II. war einerseits ein großer Caviar-Schlemmer und hatte zum anderen geradezu die moralische Pflicht, oft und viel Caviar zu essen: Diese Kostbarkeit war in den Klöstern nämlich zur Fastenspeise erhoben! Der Geheimkoch Seiner Heiligkeit Pius' V., Bartolomeo Scappi, schrieb in seinem Buch »Opera«, 1570 in Venedig erschienen, dem auch sein Portrait entstammt:

Anscheinend hat das Mittelalter so viel dieser teuersten Delikatesse verspeist, daß die Caviar-Lieferanten der Meere sich erst wieder erholen mußten. Denn, obgleich das Zarenreich seit über vier Jahrhunderten den edelsten Caviarhandel betreibt, war er bis Mitte des vorigen Jahrhunderts so gut wie verschwunden.

Uns entzückt heute auch nicht ein öliges Schwarz, sondern das elegante Dunkel-Grau. Und diese edle Sorte wird jenen Stören entnommen, die sich im Schwarzen und Kaspischen Meer tummeln.

Beluga: Der größte aller Stör-Fische, dessen Eier hellgrau, wenig gesalzen und besonders teuer sind.
Osetr, auch Osetrina, Osetrova oder Osetra genannt: die Eier sind etwas kleiner.
Sevruga: Ein kleiner Stör mit entsprechend kleinen (aber wohlschmeckenden) Eiern.
(*Malossol* bezeichnet keine Caviar-Sorte, sondern ist russisch und heißt »schwach gesalzen.«)
Die drei genannten Caviar-Sorten sind die »echten«. Sie werden zu Phantasie-Preisen angeboten – und von Caviar-Besessenen auch gezahlt.
Wenn Sie ein kleiner Zar oder Schah wären, würden Sie den Caviar mit einem Holzlöffel verspeisen.
Wenn Sie ein echter Feinschmecker sind, werden feingehackte Zwiebeln niemals auch nur in der Nähe Ihrer Caviar-Portion stehen und Sie werden ihn ohne jede Beigabe zu einem Toast verspeisen.
Auch wenn Sie feines, aber wirklich schwarzes Brot entdecken, sollten Sie es mit eisgekühlter Butter, Caviar und Chablis anbieten – besser noch selbst verspeisen!
Als diskreteste Begleitung ist ansonsten ein Tropfen Zitrone erlaubt, trockener Sekt perlt im Glas!
Wer da Tatar (Sie wissen: schieres rohes, durchgedrehtes Rindfleisch) ohne alle Beigaben nur ganz diskret mit Salz vermischt, davon auf einen Toast gibt und das Tatar mit Caviar dekoriert, tut ebenfalls gut daran!
Und dann gibt's einen delikaten Seitensprung, die

CAVIAR-OMELETTE

Schlagen Sie 2–3 Eier mit Salz und Pfeffer ganz schaumig, lassen Sie einen Teelöffel feingeriebene Zwiebel in einem Eßlöffel Butter in eiserner Pfanne heiß, aber nicht braun werden. Geben Sie nun schnell 2 Teelöffel Caviar an die Eier und die Mischung in der Pfanne. Mittelgroße Hitze und aufgepaßt, daß sich die Masse recht hübsch aufplustert! Bewegen Sie die Pfanne, damit die Omelette nicht ansetzt. Verringern Sie die Hitze. Und wenn die Oberfläche trocken und großporig geworden ist, lassen Sie die Omelette vorsichtig auf einen heißen Teller gleiten. Jetzt kommt der Clou: Geben Sie 2 Eßl. Caviar obenauf, schlagen Sie Ihre Omelette zu, füllen Sie mindestens 6 Eßl. dicke saure Sahne darüber – und schwelgen Sie!
Bei der Omelette mit Caviar fällt mir ein fast literarischer Eierkuchen ein, und ich möchte ihn hier anbieten: Die geistvolle Feindin Napoleons, die schöne Julie Récamier, besuchte an einem Nachmittag den Geistlichen des Distrikts. Hochwürden wollte gerade speisen, doch bat er Madame Récamier, ihm ihr Anliegen dabei vorzutragen. Madame wurde nichts angeboten – aber sie selbst tief von dem ergriffen, was Hochwürden sich alles einverleibte. Und bei dem Eierkuchen mit Thun-Fisch muß der schönen Julie das Wasser im Munde zusammengelaufen sein, denn sie erzählte Brillat-Savarin später so begeistert davon, daß er sich das Rezept auf Umwegen besorgte.

»Austernfrühstück« (Les citrons de Jevotte). Ausschnitt eines Kupferstiches von Jean-Charles Levasseur (1734–1816) nach einem Gemälde von Jeaurat

HOCHWÜRDENS EIERKUCHEN, STARK GEPFUSCHT

Eine Dose abgetropfter Thunfisch, 2 Eßl. feingehackte Zwiebel, 3 Eßl. Butter, 1 Eßl. gehackte Petersilie, 4–6 Eier, Salz und Pfeffer, Zitronensaft.

Der Fisch wird feingehackt, mit 1 Eßl. Zwiebel und 1 Eßl. Butter in einem kleinen Töpfchen bei milder Hitze vereint, ohne daß irgend etwas zum Bräunen kommt. In eiserner Pfanne werden die restliche Butter und Zwiebel mit Petersilie durchgeschmurzelt, die Eier mit Salz, Pfeffer und Zitronensaft schaumig geschlagen, mit dem Fisch zusammengegeben und dann in die eiserne Pfanne gefüllt. Passen Sie gut auf. Mit Glück und Geschicklichkeit (dazu gehört leichtes Bewegen der Pfanne, auf daß sich nichts am Boden festsetze) plustern sich die Eier auf und die fertige Komposition erinnert an eine elegante Omelette. Ansonsten wird es, vorausgesetzt, daß Sie nicht umrühren und die Hitze richtig regulieren, ein unglaublich kostbarer Thunfisch-Eierkuchen, den zwei Schlemmer mit zartem grünen Salat verspeisen.

Grau, schrumplig und keineswegs verlockend anzusehen, ist die köstlichste und zugleich teuerste aller Muscheln:

DIE AUSTER

Apicius, der alte römische Meisterkoch, entdeckte, wie er die empfindsame Auster unbeschadet am Leben erhal-

ten konnte. Er versorgte Trajan, den römischen Kaiser, in dessen Kriegslager gegen die Parther mit quickfrischen Tierchen!
Trocken verpackt übersteht die Köstliche auch heute einen tagelangen Transport ohne Schaden; wenn sie lebensmüde wird, klafft sie auseinander und darf auf keinen Fall mehr gegessen, sondern muß fortgeworfen werden. Ansonsten ruht sie in Eis gebettet vor Ihnen. Wer schlau ist, läßt die Austern gleich im Geschäft öffnen, und der wahre Schlemmer beträufelt das glibbernde Etwas mit Zitrone und schlürft es aus der Schale. Die ganz Raffinierten beißen zwischendurch in kleine krosse Bratwürstchen und befeuchten dieses Duo mit gut gekühltem trockenen Sekt.

Köstlich schmecken

AUSTERN, AUF DEM BLECH GEBACKEN

Die obere Schale wird entfernt, die Auster mit einem breiten Messer vorsichtig von der unteren Schale gelöst, mit Pfeffer, Salz und gehackter Petersilie bestreut, mit geschmolzener Zitronenbutter beträufelt (weiche Butter mit etwas geraspelter Zitronenschale und -saft verrühren), mit geriebenem Weißbrot bedeckt und auf dem Backblech oder Grillrost gebacken.
Neben der krumpligen Auster liegt, in graublauem Perlmutt wunderschön schimmernd, die billige, mit feinem Wohlgeschmack ausgestattete

PFAHL- ODER MIESMUSCHEL

Einmal ihre Bekanntschaft gemacht, vertilgt fast jeder Esser mit Wonne bis zu einem Kilo frische Muscheln. Sie werden unter fließendem kalten Wasser gründlich abgeschrubbt und jede schon geöffnete Muschel fortgeworfen, denn sie ist verdorben. Die gereinigten Muscheln sollen dann noch in frischem Wasser baden, ehe sie zubereitet werden.

Es gibt ein Grundrezept

Ein großer Kochtopf wird etwa ein Zentimeter hoch mit Wasser gefüllt, aufs Feuer gestellt, Salz hineingegeben und, wenn die Flüssigkeit zu kochen beginnt, werden die Muscheln hineingeschüttet. Deckel zu und Muscheln solange bei mittlerer Hitze ziehen lassen, bis sie sich geöffnet haben. Das dauert höchstens fünf Minuten. Lassen Sie die Muscheln noch kurze Zeit nachziehen und tragen Sie sie in der Kochflüssigkeit auf. Dazu gibt's Brot, Butter und hellen Wein!

Das Grundrezept können Sie nach eigenem Geschmack wandeln. Kochen Sie die Muscheln in Wasser und Wein; füllen Sie mit dem Kochsud eine goldblonde Butter-Mehlbindung zur Sauce auf, die mit Pfeffer abgeschmeckt und mit Eigelb verfeinert, auch mit Sahne bereitet und mit Safran verlockend gefärbt werden darf.

Sie können Muscheln auch in purem Wein kochen, sie mit viel frischen Kräutern in der Kochflüssigkeit auftragen – oder die Muscheln in eine Terrine geben, den Weinsud mit Ei und Sahne binden und dazu reichen.

Gekochte Muscheln, aus den Schalen gelöst oder abgetropfte Dosenmuscheln werden gern in feinen hellen Saucen versenkt, in Ragoutschüsselchen (mit geriebenem Weißbrot bestreut) überbacken, auch im Reisrand angerichtet und überhaupt nach Lust und Laune verwandelt. Auch vortrefflich als Salat mit Essig, Öl, Salz, Pfeffer, Zwiebeln und Kräutern mariniert.

»Die Krebse zieren den Tisch, und geben eine angenehme Kost. Sie geben auch eine gute Nahrung, reinigen und versüßen das Geblüt, und führen alle Säure ab. Sie werden insgemein lebendig aus Salzwasser gesotten, trocken in eine Schüssel gelegt, mit Petersilienblättern bestreut, und also aufgetragen.
In Amerika oder neuen Welt giebt es auch so große Krebse, welche die Leute angreifen und verzehren; wie dann im Jahre 1627, als frische Völker aus Frankreich in die St. Christophsinsel um die Abendzeit angekommen, und die dreyßig Kranken, die sich allda am Ufer über Nacht aufhielten, von den Krebsen gefressen wurden.«
Das waren ganz bestimmt Fabel-Krebse, denn der üppigste der uns bekannten *zehnfüßigen Krebs-Familie* ist der bis 50 cm große, mit goldblau-marmoriertem Panzer prächtig geschmückte

HUMMER

Sie können ihn vorbereitet aus der Tiefkühltruhe, auch in Dosen kaufen. Oder Sie wählen das kleine Ungetüm im Geschäft selbst aus (dabei müssen Sie immer auf den gekrümmten Schwanz achten), legen es nach gründlichem

Reinigen in kochendes Wasser, geben nach Geschmack Salz und Kümmel dazu und lassen den Hummer mindestens eine Viertelstunde nach dem Aufkochen ziehen. Der vielgeliebte »Einpfünder« braucht eine halbe Stunde.
Besessene polieren den fertigen abgetrockneten Hummer mit einem Öllăppchen, ehe sie die Scheren abbrechen und auf der unteren Seite öffnen, den Schwanz vom Rumpf trennen, beide der Länge nach aufschneiden, das kleine Untier mühevoll wieder in seine Urform zusammenlegen und auf grünen Salatblättern anrichten.
Heiß wird der Hummer mit frischer Butter verzehrt, kalt am liebsten mit Mayonnaise. Viele Krebs-Delikatessen sind dank der Tiefkühltruhe im Blitztempo zu bereiten. Doch das Entzücken aller Krebs-Freunde ist nun einmal das richtige echte Krebs-Essen, sind die in einer duftenden Bouillon schwimmenden rotleuchtenden kleineren Brüder des Hummers, die

KREBSE UND KRABBEN

Das Kochen der Krebse ist einfach, nur der Weg bis dahin etwas strapaziös: Jeder einzelne Krebs muß zuvor kräftig hinter den Scheren angefaßt und unter fließendem Wasser sehr gründlich gebürstet werden. Während dieser Arbeit wird entweder Wasser mit Salz und Dillstengelchen oder Wasser mit Salz, Dillstengelchen, Zwiebel und Kümmel – oder auch Wasser und Wein mit Salz und anderen ausgewählten Würzen zum Kochen gebracht.
Die Krebse werden einzeln hintereinander in die Kochflüssigkeit gegeben, nur dann sterben sie leicht. Sie sollen

10 Minuten kochen und dann noch etwa die gleiche Zeit bei kleiner Hitze ziehen.
Besonders delikat schmecken Krebse, in leichtem hellem Wein mit Salz, einer Prise Pfeffer und etwas Dill gegart. Sie werden entweder im Kochsud mit frischer Butter angerichtet oder auch mit frischem gewiegtem Dill aufgetragen. Kräftige Dill-, Petersilien- oder Weinsauce, sehr fein mit Eigelb legiert und immer mit Zitrone und Wein abgeschmeckt, wird ab und an auch dazu gereicht.
Das kleinste, doch nicht mindere Miglied der großen Familie zehnfüßiger Krebse ist die Krabbe. In Dosen oder aus der Tiefkühltruhe können wir sie jederzeit verspeisen, als Salat, als Ragout, gebraten, gebacken – versuchen Sie auch eine

SEHR FEINE KRABBENCREME

Geben Sie abgetropfte Dosen-Krabben durch ein Maschinchen, verrühren Sie das Fleisch mit je einer Prise Paprika und Zucker, mit Öl, wenig Salz und etwas Zitronensaft zu einer geschmeidigen Creme. Ein kleiner Schluck Sahne ist auch erlaubt. Essen Sie heißen Toast und Butter dazu, oder geben Sie die Creme auf Toast. Sie schmeckt auch delikat auf dünnen gebutterten Schwarzbrotstreifen.
»Granat, frische Granat«, rufen die Krabbenverkäufer im Oldenburger Land, dort gibt es auch ein Spezialgericht:

KRABBEN MIT SPARGEL

Frisch gekochte oder Dosen-Spargel (Bruchspargel) werden mit abgetropften Krabben in einer aus Butter, Mehl, Spargelwasser und Milch oder Sahne bereiteten sehr sämigen Sauce erhitzt. Mit Salz, weißem Pfeffer und einer Prise Zucker abschmecken, auch mit einem Eigelb verfeinern – und mit sehr trockenem körnigen Reis verspeisen.

»Die Sardelle ist ein kleines Meerfischel mit einem goldfarben Kopfe, sonst einem Häringe fast gleich. Diese Fischlein haben ein weiches und zartes Fleisch, ja zärter als die Häringe, und mögen leicht ein wenig Feuer empfinden, so schmelzen selbige. Sie werden meistens zu andern Speisen gemenget, welchen sie auch einen trefflichen Geschmack geben. Im verlornen Appetit dienen sie überaus wohl; indem sie solchen ganz besonders stärken. Man pflegt auch davon einen Salat zu machen, welcher gar wohl schmecket. Sie werden häufig in dem Mittelländischen Meere, sonderlich um die Insel Sardinien, von welcher sie auch den Namen Sardellen haben, gefangen, in kleine Fäßchen eingesalzen, und alsdann weit und breit verführet.«

Mit einem kleinen »Meerfischel« bereiten Sie einen pikanten

SARDELLEN-TOAST

8 Sardellen, etwas Milch oder Wein, 1 Teel. Butter, 1 Teel. edler Cognac, 2 Scheiben Toastbrot, 2 Teel. Petersilie, 4 Zitronenachtel.

Baden Sie die eingesalzenen Sardellen ein wenig in Milch oder in mildem hellem Wein. Mild bedeutet nicht süß, und der Sardellengeschmack wird vom Wein mehr beeinflußt als von Milch.
Lassen Sie die Sardellen in einem Sieb abtropfen und dann auf Seidenpapier ruhen. Die Toastscheiben werden halbiert, einseitig geröstet, die geröstete Seite mit Cognac beträufelt, zwei Sardellen daraufgelegt und die Toasts vorsichtig in Butter gebraten, mit Petersilie bestreut und mit Zitronenachtelchen serviert.

»Der Schneck ist ein kriechender Wurm, der kein Blut hat, und sein Haus beständig auf dem Rucken herumträgt. Für die Schwind, und dörrsichtigen Leute tauget die von Schnecken gemachte Brühe trefflich wohl, indem sie sowohl kühlet als anfeuchtet. Aller Art Schneckenhäuslein zu Pulver gestossen, ist sehr gut innerlich, die Magensäure auszutreiben, und äußerlich, die Zähne zu säubern.«

Schon 50 Jahre vor der Zeitenwende wurde in Etrurien eine große Schnecken-Gärtnerei betrieben – so berichtete Plinius. Im 17. Jahrhundert gehörte der Schneck zu den »Herrentafeln«, die Küche des 18. Jahrhunderts bereitete

Klöße, Suppen, Pasteten, Salate und feingebackene Schnecken – aus unserer Küche ist die Schnecke ausgewandert! Höchstens noch wird sie in Spezialpackungen gekauft, und da sind dann die Schnecken in kleiner Dose konserviert, die Schneckenhäuschen sind auch dabei und eine Anweisung, wie man die Schnecklein mit Kräuterbutter in ihren Häuschen verpackt und grillt.

SCHNECKENSALAT

Die abgetropften Schnecken werden mit sparsamer Marinade aus Essig, Öl, Zwiebeln, Salz und Pfeffer geschüttelt.

GEBACKENE SCHNECKEN

Die abgetropften Schnecken werden in geschlagenem Ei und geriebenem Weißbrot gewendet und in Butter gebraten.

GERÄUCHERTER, GERÖSTETER AAL

ist eine fast sträfliche aber oft heiß begehrte Verwandlung des Räucheraals. Dafür wird er in etwa 6–8 cm lange Stücke zerlegt, abgezogen, hauchdünn mit Mehl bestäubt und in Öl rundum braun gebraten; besser noch, wenn Sie ihn abziehen und im Grill knusprig bräunen lassen.

Eiskalter Aquavit oder Bommerlunder zur Absicherung dringend empfohlen.

GANZ ZART GERÄUCHERTER LACHS

ist das Entzücken des Feinschmeckers. Er verspeist ihn mit Toast – Butter ist überflüssig, aber erlaubt – und trinkt einen französischen Rosé dazu!
Köstlich schmeckt geräucherter Lachs, wenn er in hauchdünne Scheiben geschnitten, mit eiskalter Butter und glühendheißen Pellkartoffeln, einem Pfeffermühlchen, grobem Salz – und wohlgekühltem Aquavit aufgetragen wird.

PIKANTE KRUSTELN

Ein beliebiger Ausbackteig, sehr dickflüssig (s. S. 19), 1 Teel. Liebstöckel, 1 Teel. Basilikum, Ihr Fett-Topf zum Ausbacken, 500 g Fischfilet (dünne festfleischige Scheiben), 125 g Chesterkäse in einem Stück, 3 Scheiben Toastbrot, 1 große Tasse wenig gegarte, kleine Blumenkohlröschen, 2–4 Eßl. Zitronensaft, Salz und Pfeffer.

Stellen Sie zuerst den Fett-Topf zu langsamem Erhitzen auf kleine Flamme, rühren Sie dann den Teig (mit Liebstöckel und Basilikum) zusammen (Bierteig muß allerdings noch früher angerührt werden, weil er der Ruhe bedarf). Schneiden Sie Fisch, Käse und Toastbrot in etwa 4 cm lange, und 1,5–2 cm breite Streifchen, würzen Sie die Drei und die Blumenkohlröschen mit Zitronensaft, Salz und Pfeffer, schütteln Sie alles vorsichtig durcheinander! Und dann werden die Stiftchen (mit Geschick und einer langzinkigen Gabel zu kleinen Bündeln vereint) im Teig gewendet, im glühenden Fett goldbraun ausgebakken, dabei behutsam von der Gabel abgestreift, nach Wunsch zum Entfetten auf Seidenpapier abgelegt – und heiß mit einem Löffelchen saurer Sahne oder leichter Mayonnaise und grünem Salat verspeist.

Kleiner Tip: Sie können auch alles auf kleinen Spießchen ordnen, die dann im Teig gewendet und ausgebacken werden. Und notfalls auch ohne Fettopf in Öl und Bratpfanne.

FISCHSPIESSCHEN

600–800 g Fisch (Rotbarschfilet), 1/2 Tasse Öl, 2 Eßl. Zitronensaft, 1 Eßl. Estragonessig, 1 kleines Lorbeerblatt, etwas zerstoßener Koriander, ein wenig Kurkuma, eine große Prise brauner Zucker, 3–4 kleinere Zwiebelchen, 1 sehr schlanke grüne Gurke, schwarze oder gefüllte grüne Oliven.

Das feste Rotbarschfilet ist hierfür besonders geeignet. Es wird in mundgerechte Würfel geteilt und mit einer Marinade aus allen angegebenen Zutaten (außer Zwiebeln, Gurke und Oliven) in eine Schüssel gegeben, zugedeckt und mindestens eine Stunde beiseitegestellt. Zwischendurch müssen Sie die Fischstückchen umwenden. Später lassen Sie den Fisch abtropfen, reihen ihn im Wechsel mit

Zwiebel, möglichst ungeschälten Gurkenscheiben und Oliven auf kleine Spieße. Im Grill oder auf dem Blech im Ofen goldbraun garen, ab und an mit restlicher Marinade pinseln. Mit trockenem Brot verspeisen.

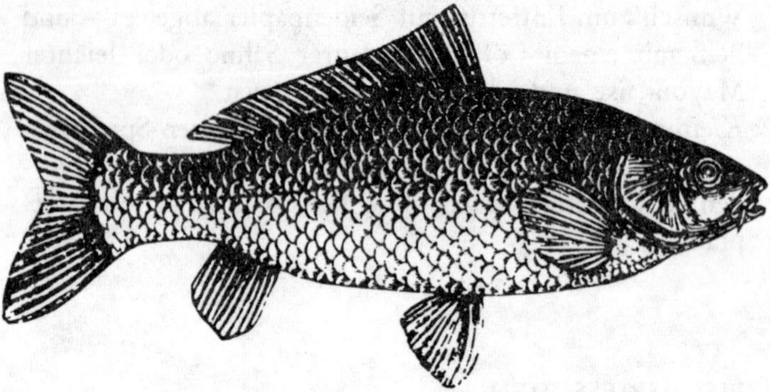

Und was trinken Sie dazu?

Von Kennern und Könnern wurde erprobt, wie die verschiedenen Weine, mit verschiedenen Fischen vereint, dem Gaumen und Magen gefallen und wohltun. Daraus entwickelten sich bestimmte Empfehlungen, freundliche »Gebote«, die zu beachten kein Fisch-Esser versäumen sollte. Das bedeutet nicht, sie bedingungslos anzunehmen, und es schließt nicht aus, für sich selbst andere Gebote zu entwickeln.

Die allgemeine Empfehlung lautet:

Gekochte Fische

werden mit Mosel-, Pfälzer-, Franken- oder leichten Nahe-Weinen serviert.

Gebratene Fische

werden mit Rheinhessen-, Franken- und speziellen Rheingau-Weinen, mit weißem Burgunder (Chablis) und weißem Sauternes, auch mit Gewürztraminer serviert.

Zu Fischen in herzhaften Saucen

trinkt man dieselben Weine.

Zu sehr *kräftigen Fischgerichten* oder *geräucherten Fischen* werden Saarweine, Rotwein und Rosé serviert.

Kleine Sondertips:

Zu Karpfen blau:

Trockener Sekt, weiße Gewürztraminer.

Zu Karpfen polnisch:

Bockbier, auch Pils, auch rote Südtiroler oder Badische Weine.

Zu Seezunge in Wein gedämpft:

möglichst derselbe Wein, in dem der Fisch gedämpft wurde.

Zu geräuchertem Lachs:

Trockener Sekt, Rosé, Weißherbst, Rheingau- und Moselweine und sehr gut: eisgekühlter Aquavit, Bommerlunder.

Zu einfachen gebratenen, gebackenen oder beliebig bereiteten *Fischfilets:*

Bier und klarer Schnaps.

Kleine Vorgerichte

werden gern mit einem trockenen Sherry oder sehr trokkenem Wermuth verspeist.

Und zuletzt ein Hinweis für die richtigen Temperaturen:
Weißwein: 11°
Rotwein: 17–17,5°
Sekt: 7–9°

Register